1A

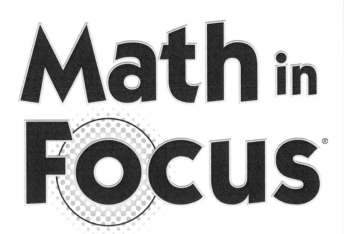
Math in Focus®

Matemáticas de Singapur
de Marshall Cavendish

Cuaderno de actividades

Consultor y autor
Dr. Fong Ho Kheong

Autores
Chelvi Ramakrishnan y Bernice Lau Pui Wah

Consultores en Estados Unidos
Dr. Richard Bisk, Andy Clark, y Patsy F. Kanter

Marshall Cavendish
Education

Distribuidor en Estados Unidos

Houghton
Mifflin
Harcourt

COMMON
CORE

© Copyright 2011, 2013 Edition Marshall Cavendish International (Singapore) Private Limited
© 2014 Marshall Cavendish Education Pte Ltd

Published by Marshall Cavendish Education
Times Centre, 1 New Industrial Road, Singapore 536196
Customer Service Hotline: (65) 6213 9444
US Office Tel: (1-914) 332 8888 | Fax: (1-914) 332 8882
E-mail: tmesales@mceducation.com
Website: www.mceducation.com

Distributed by
Houghton Mifflin Harcourt
222 Berkeley Street
Boston, MA 02116
Tel: 617-351-5000
Website: www.hmheducation.com/mathinfocus

First published 2011
2013 Edition

Math in Focus® Grade 1 Workbook A
ISBN 978-0-547-58267-2

Printed in Singapore

10 11 12 13 14   1401   18 17
4500648176   A B C D E

Contenido

CAPÍTULO 3

Operaciones de suma hasta 10

CAPÍTULO 4

Operaciones de resta hasta 10

Figuras, cuerpos y patrones

Números ordinales y posición

CAPÍTULO 7

Los números hasta 20

CAPÍTULO 8

Operaciones de suma y resta hasta 20

CAPÍTULO 9

La longitud

PÁGINA EN BLANCO

CAPÍTULO 1

Los números hasta 10

Práctica 1   Contar hasta 10

Cuenta.
Escribe los números.

┌─ **Ejemplo** ───┐

─ ─ 2 ─ ─

└──┘

1.

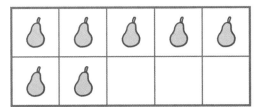

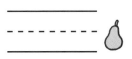

2.

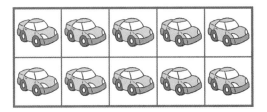

3.

Cuenta.
Escribe los números.

4.

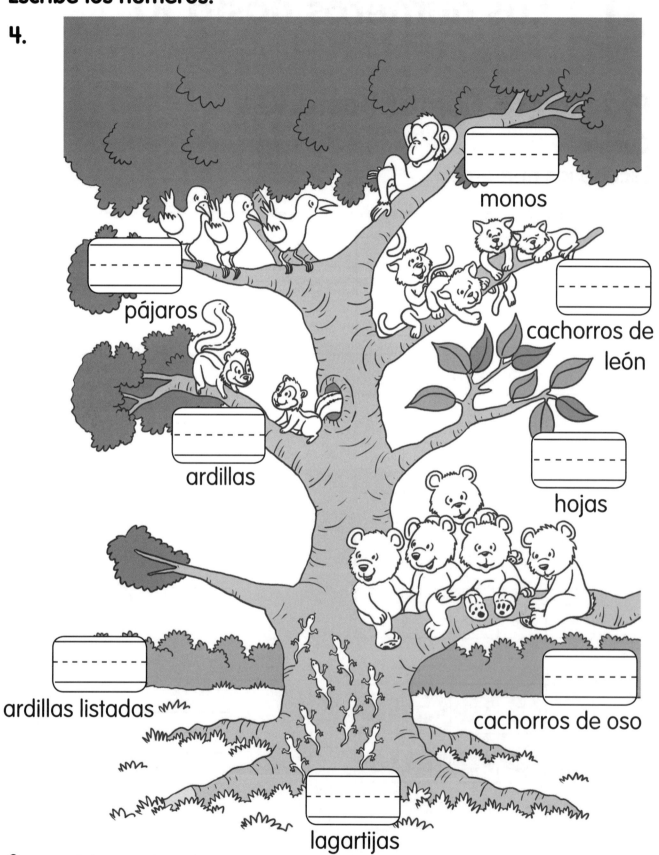

monos

pájaros

cachorros de león

ardillas

hojas

ardillas listadas

cachorros de oso

lagartijas

Dibuja.

5. Una vaca tiene 2 cuernos.

6. Una silla tiene 4 patas.

7. Una hormiga tiene 6 patas.

8. Cada mariquita tiene 10 manchas.

¿Cuántos insectos hay?
Empareja.
9.

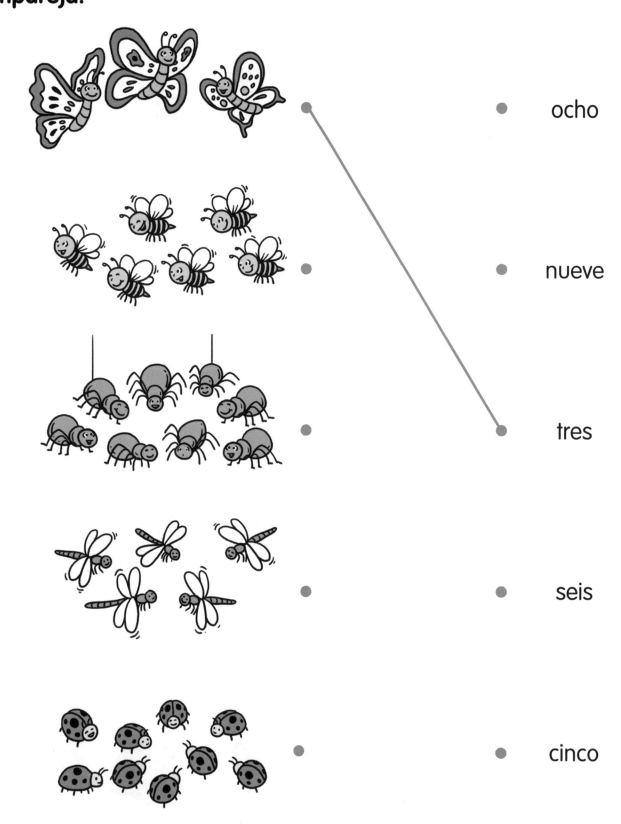

- ocho

- nueve

- tres

- seis

- cinco

Nombre: _____   Fecha: _____

Cuenta las cosas que están sobre el muñeco de nieve.
Encierra en un círculo las palabras correctas.

10.		dos	tres	cuatro	cinco	cero
11.		cero	una	dos	tres	cuatro
12.	○	seis	siete	ocho	nueve	diez
13.		uno	dos	tres	cuatro	cinco
14.		nueve	seis	una	ocho	tres

Empareja los números con las palabras.
15.

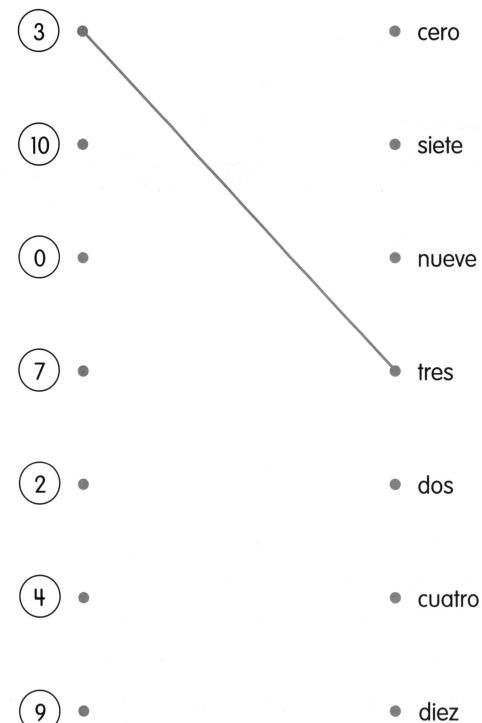

3	cero
10	siete
0	nueve
7	tres
2	dos
4	cuatro
9	diez

Práctica 2   Comparar números

Cuenta.
Encierra en un círculo los grupos que tienen igual número.

Ejemplo

1.

2.

Empareja. Luego, encierra en un círculo la respuesta a cada pregunta.

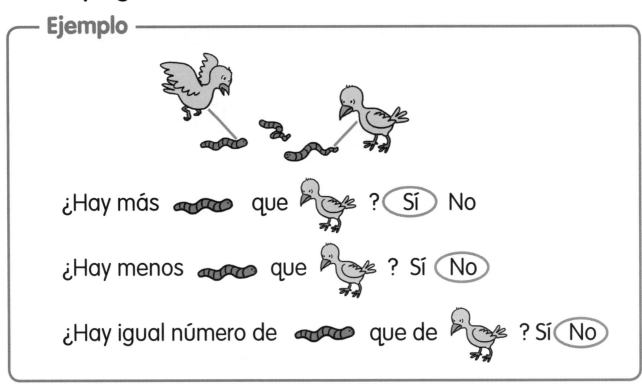

Ejemplo

¿Hay más 🪱 que 🐦 ? (Sí) No

¿Hay menos 🪱 que 🐦 ? Sí (No)

¿Hay igual número de 🪱 que de 🐦 ? Sí (No)

3.

¿Hay más 🐦 que 🪺 ? Sí   No

¿Hay menos 🐦 que 🪺 ? Sí   No

¿Hay igual número de 🐦 que de 🪺 ? Sí   No

Nombre: _____ Fecha: _____

Empareja. Luego, encierra la respuesta en un círculo.

4.

¿Hay más que ?   Sí   No

¿Hay menos que ?   Sí   No

¿Hay igual número de que de ?   Sí   No

5.

¿Hay más que ?   Sí   No

¿Hay menos  que ?   Sí   No

¿Hay igual número de  que de ?   Sí   No

¿Cuáles dos grupos tienen igual número de cosas?

Emparéjalos con un ------.

Luego, escribe el número en cada ------.

6.

---3---

- - - - - -

- - - - - -

Cuenta y escribe el número.
Luego, colorea la casilla correcta para responder a cada pregunta.

¿Cuál es mayor?

Ejemplo

---4--- | ollas 🍲   ---6--- | peras 🍐

7. ------- | tazas ☕   ------- | teteras 🫖

¿Cuál es menor?

8. ------- | cucharones 🥄   ------- | pastelillos 🧁

9. ------- | guantes 🧤   ------- | platos 🍽

Colorea las señales correctas.

¿Cuál número es mayor?

10.

11.

¿Cuál número es menor?

12.

13.

Escribe los números en los espacios en blanco.

14.

_____ es mayor que _____.

15.

_____ es menor que _____.

Colorea las banderas de igual número.

16.

Práctica 3   Formar patrones numéricos

¿Qué número sigue en cada patrón?
Escribe el número.

1.
_____

2.
_____

3.
_____

¿Qué número es 1 más?
Escribe el número.

4.
_____

5.
_____

6.
_____

¿Qué número es 1 menos?
Escribe el número.

7.

8.

9.

Escribe los números que faltan en los patrones numéricos.

10.

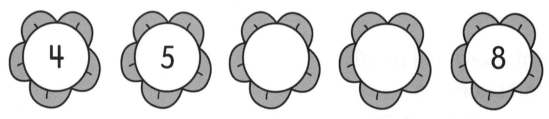

11.

Escribe los números que faltan en los patrones numéricos.

12.

13.

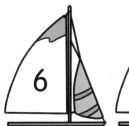    

14.

15.

Completa los espacios en blanco.

16. 1 más que 1 es igual a _____ .

17. 1 más que 8 es igual a _____ .

18. 1 más que 9 es igual a _____ .

19. 1 menos que 7 es igual a _____ .

20. 1 menos que 9 es igual a_____ .

21. 1 menos que 6 es igual a _____ .

22. _____ es igual a 1 más que 3.

23. _____ es igual a 1 más que 6.

24. _____ es igual a 1 menos que 4.

25. _____ es igual a 1 menos que 7.

Nombre: _____ **Fecha:** _____

 **¡Ponte la gorra de pensar!**

 Práctica avanzada

Los huevos de Mamá Gallina tienen números
que son mayores que 2 y menores que 8.
Colorea los huevos que son de Mamá Gallina.

Daryl ve un patrón formado con △.

Quiere continuar el patrón, pero no sabe cuántos △ dibujar.

Dibuja en el recuadro el grupo de △ que sigue para continuar el patrón.

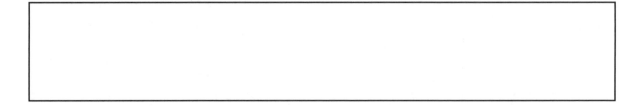

Hay _____ △ en el grupo que sigue.

Nombre: _____ Fecha: _____

Repaso/Prueba del capítulo

Vocabulario

Empareja.

1. cuatro •   • 10

2. siete •   • 4

3. diez •   • 7

4. cero •   • 0

Conceptos y destrezas

Encierra en un círculo las estrellas para mostrar el número.
Escribe el número en palabras.

5. 5

_____

6. 9 ⭐⭐⭐⭐⭐⭐⭐⭐⭐⭐

_____

Completa los espacios en blanco con *mayor que, menor que* o *igual que*.

  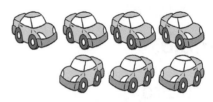

tazas y platillos   árboles   automóviles

7. El número de tazas es _____ el número de platillos.

8. El número de árboles es _____ el número de automóviles.

9. El número de automóviles es _____ el número de tazas.

Escribe dos números cualesquiera.

10. mayores que 5: _____ _____

11. menores que 7: _____ _____

Escribe los números que faltan en el patrón numérico.

12.

6   5   4   ○   ○   1   ○

Completa los espacios en blanco.

13. 4 es 1 menos que _____.

14. 9 es 1 más que _____.

Números conectados

Práctica 1   Formar números conectados

Observa los ▢.
Completa las partes.

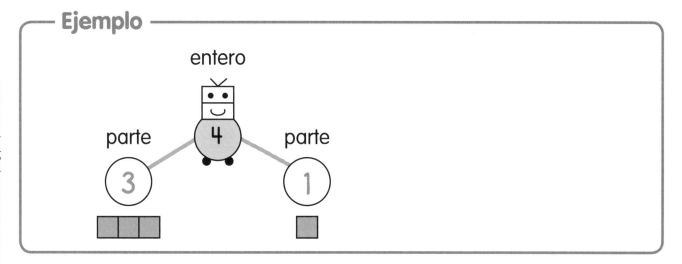

Ejemplo

entero

parte   4   parte

3   1

1.

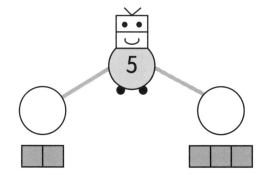

5

2.

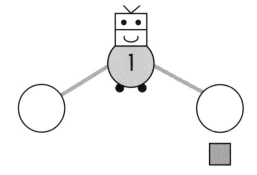

1

Observa los .
Completa el entero.

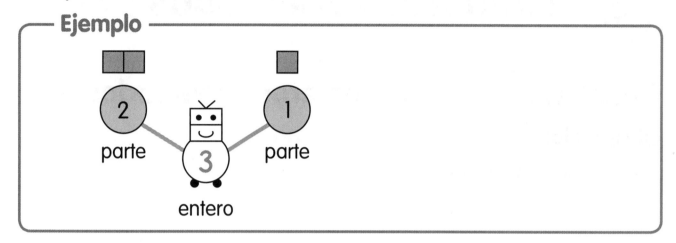

Ejemplo

2 parte

1 parte

3

entero

3.

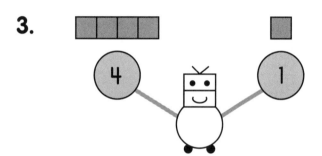

4

1

4.

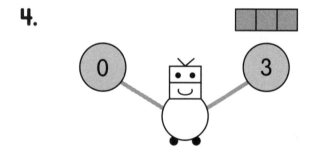

0

3

5.

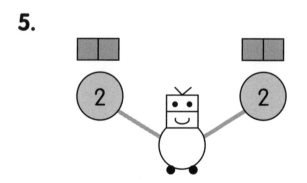

2

2

Observa los 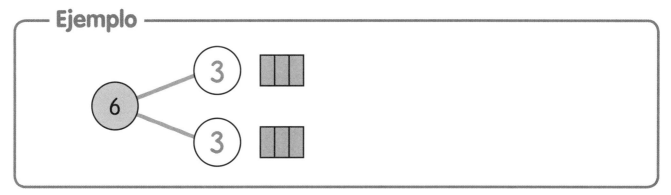.
Completa las partes.

Ejemplo

6.

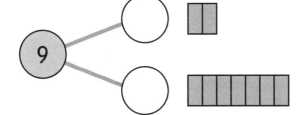

7.

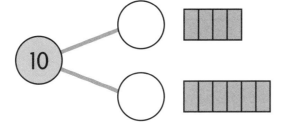

8.

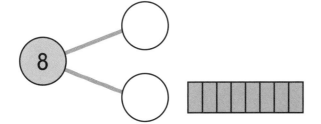

9.

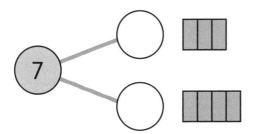

Completa los números conectados.
Completa los espacios en blanco.

10. ¿Qué números forman 10?

— Ejemplo —

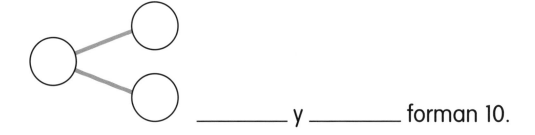

____4____ y ____6____ forman 10.

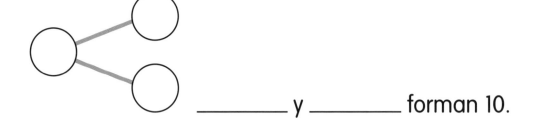

_____ y _____ forman 10.

_____ y _____ forman 10.

11. ¿Hay otros números que forman 10?

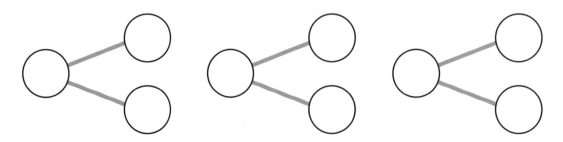

Práctica 2　Formar números conectados

Observa las ilustraciones.
Completa los números conectados.

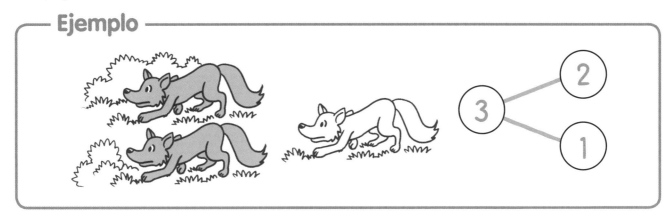

1.

 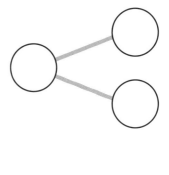

2.

  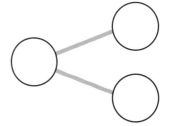

Observa las ilustraciones.
Completa los números conectados.

3.

  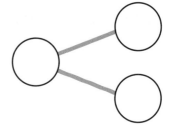

4.

  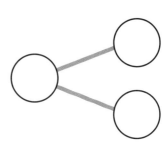

5.

  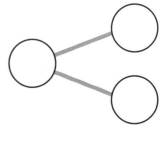

6.

  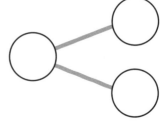

Práctica 3   Formar números conectados

Empareja para formar 8.

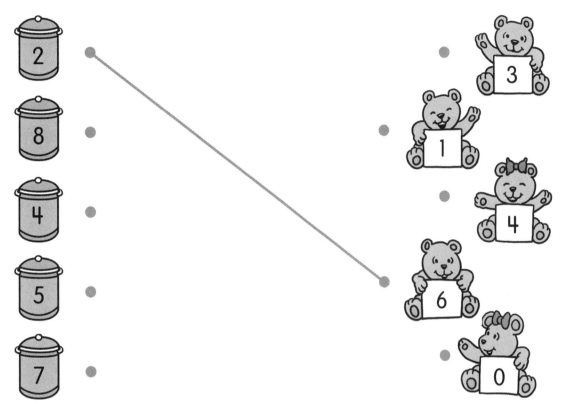

1.

Empareja los números.

2. Empareja para formar 6.   **3.** Empareja para formar 9.

Observa la ilustración.
Completa los números conectados.

4.

Observa los números conectados.
Dibuja el número correcto de mariposas.

5.

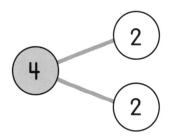

Usa dos colores. Colorea los ☐ para mostrar dos
números que formen el número que está en el ⬤ .

Completa los números conectados.
Completa los espacios en blanco.

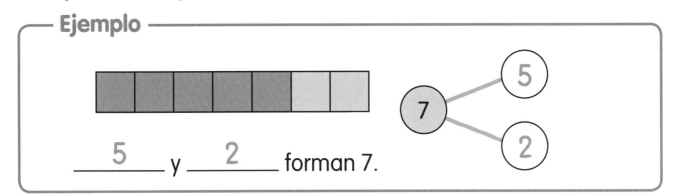

Ejemplo

_____5_____ y _____2_____ forman 7.

6.

_____ y _____ forman 10.

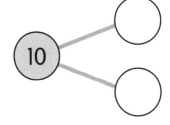

7.

_____ y _____ forman 6.

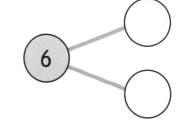

8.

_____ y _____ forman 8.

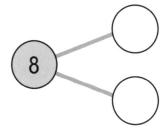

Usa dos colores.

Colorea los para mostrar dos números que formen 5.

Completa los números conectados.

Completa los espacios en blanco.

9.

_____ y _____ forman 5.

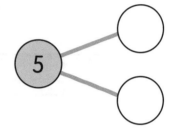

10.

_____ y _____ forman 5.

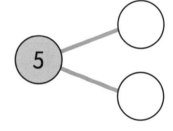

11.

_____ y _____ forman 5.

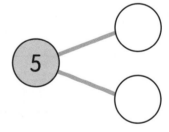

¡Ponte la gorra de pensar!

 Práctica avanzada

Forma números conectados con tres números del bolso.
Usa cada número solo una vez.

1.

2.

 ¡Ponte la gorra de pensar!

 Resolución de problemas

Escribe cinco números de 1 a 10 en cada payaso
para completar los números conectados.
Usa cada número solo una vez en cada payaso.

Ejemplo

1.

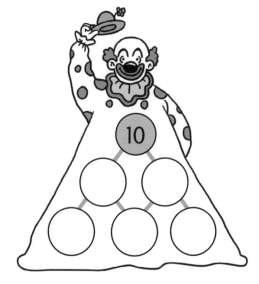

2.

Nombre: _____ **Fecha:** _____

Repaso/Prueba del capítulo

Vocabulario

Elige la palabra correcta.

1.

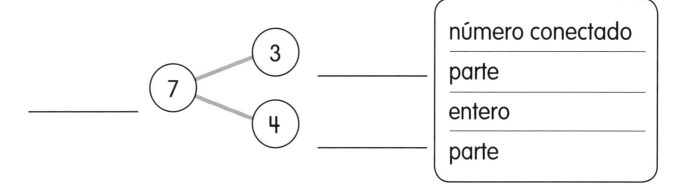

número conectado
parte
entero
parte

2. 3, 4, y 7 forman un _____.

Conceptos y destrezas

Completa los números conectados.
Completa los espacios en blanco.

3.

  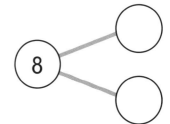

_____

_____ 🐝

_____ y _____ 🐝 forman 8 insectos.

¿Qué números forman 7?

4.

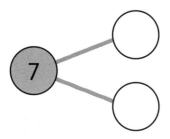 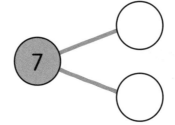 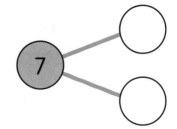

Observa la ilustración.
Completa los números conectados.
Completa los espacios en blanco.

5.

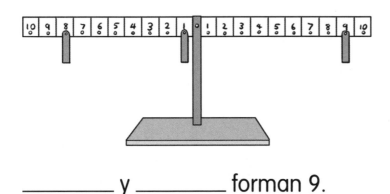 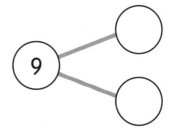

_____ y _____ forman 9.

¿Qué otros números forman 9?

6.

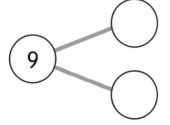 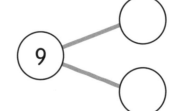 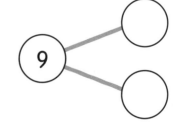

Repaso acumulativo
de los Capítulos 1 y 2

Conceptos y destrezas

Cuenta.
Escribe los números.

1.

Hay _____ .

2.

Hay _____ .

3.

Hay _____ .

Empareja los números con las palabras.

4.

 1 •   • ocho

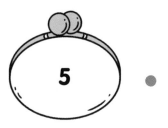 5 •   • nueve

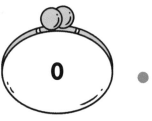 0 •   • uno

 8 •   • cinco

 9 •   • cero

 6 •   • seis

Encierra en un círculo el grupo que tiene <u>más</u>.

5.

Encierra en un círculo el grupo que tiene <u>menos</u>.

6.

Encierra en un círculo los grupos que tienen <u>igual</u> número.

7.

Colorea el pez que tiene el número <u>menor</u>.

8.  **9.**

Colorea el pez que tiene el número <u>mayor</u>.

10.  **11.**

Completa los patrones numéricos.

12.

13.

Completa los espacios en blanco.

14. 1 más que 5 es _____.

15. _____ es 1 menos que 7.

Cuenta y completa los números conectados.
Luego, completa los espacios en blanco.

16.

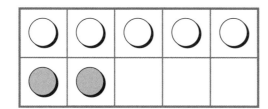

_____ y _____ forman 7.

17.

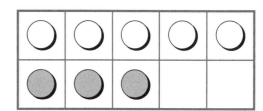

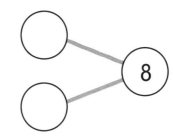

_____ y _____ forman 8.

18.

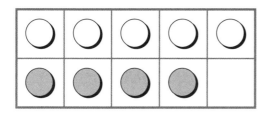

_____ y _____ forman 9.

19.

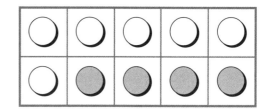

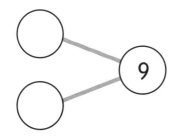

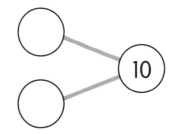

_____ y _____ forman 10.

Escribe los números que faltan.

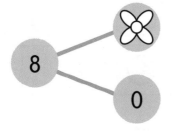 representa un número.

20.

 es igual a _____.

21.

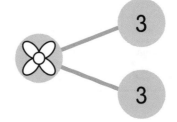

 es igual a _____.

22.

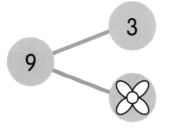

 es igual a _____.

23.

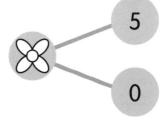

 es igual a _____.

Operaciones de suma hasta 10

Práctica 1   Maneras de sumar

Suma. Cuenta hacia adelante desde el número mayor.

Ejemplo

$4 + \underline{\quad 3 \quad} = \underline{\quad 7 \quad}$

1.

$6 + \underline{\qquad} = \underline{\qquad}$

2.

$5 + \underline{\qquad} = \underline{\qquad}$

3.

$7 + \underline{\qquad} = \underline{\qquad}$

4.

$8 + \underline{\qquad} = \underline{\qquad}$

Observa las ilustraciones.

Suma. Cuenta hacia adelante desde el número mayor.

Ejemplo

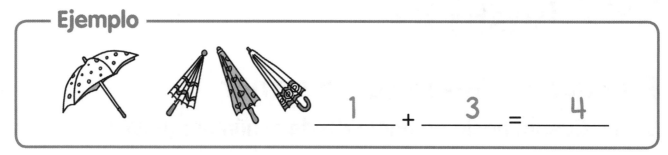

$$\underline{\quad 1 \quad} + \underline{\quad 3 \quad} = \underline{\quad 4 \quad}$$

5.

$$\underline{\qquad} + \underline{\qquad} = \underline{\qquad}$$

6.

$$\underline{\qquad} + \underline{\qquad} = \underline{\qquad}$$

7.

$$\underline{\qquad} + \underline{\qquad} = \underline{\qquad}$$

8.

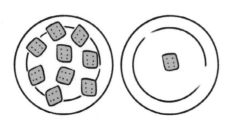

$$\underline{\qquad} + \underline{\qquad} = \underline{\qquad}$$

Cuenta hacia adelante para sumar.

9.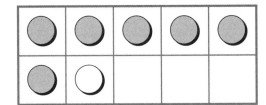

_____ + _____ = _____

10.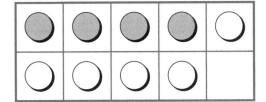

_____ + _____ = _____

11.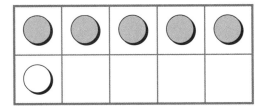

_____ + _____ = _____

12.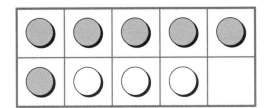

_____ + _____ = _____

Cuenta hacia adelante desde el número mayor para sumar.

13. 4 + 1 = _____

14. 6 + 2 = _____

15. 9 + 1 = _____

16. 3 + 4 = _____

17. 3 + 7 = _____

18. 4 + 5 = _____

Completa.
Escribe el resultado en cada ☐.

| 1 más que 1 | 1 + 1 | 2 |

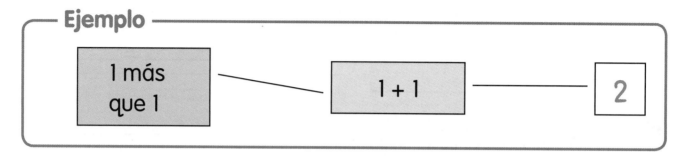

19.

| 2 más que 6 | 6 + 2 | ☐ |

20.

| 4 más que 5 | 5 + 4 | ☐ |

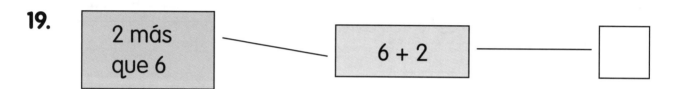

21.

| 3 más que 7 | 7 + 3 | ☐ |

22.

| 2 más que 8 | 8 + 2 | ☐ |

Práctica 2   Maneras de sumar

Completa los números conectados.

Luego, completa los espacios en blanco.

Ejemplo

1 + 6 = 7

⭐

(1)
(6)
(7)

_____1_____ + _____6_____ = _____7_____

_____1_____ + _____6_____ =

⭐⭐⭐⭐⭐⭐

(6)
(1)
(7)

_____6_____ + _____1_____ = _____7_____

= _____6_____ + _____1_____

1.

○
○
○

_____ + _____ = _____

_____ + _____ =

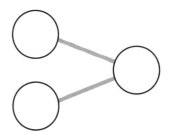

○
○
○

_____ + _____ = _____

= _____ + _____

2.

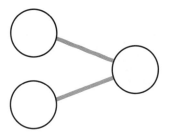

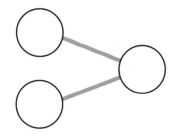

_____ + _____ = _____   _____ + _____ = _____

_____ + _____ = _____ + _____

3.

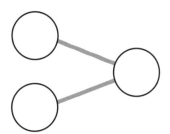

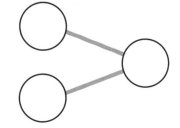

_____ + _____ = _____   _____ + _____ = _____

_____ + _____ = _____ + _____

Nombre: _____   Fecha: _____

Completa los números conectados.
Luego, completa los espacios en blanco.

4. 1 + _____ = 5

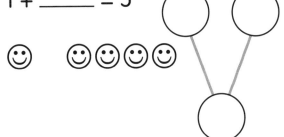

5. 4 + _____ = 5

6. _____ + 5 = 8

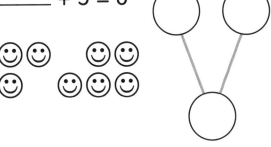

7. _____ + 3 = 8

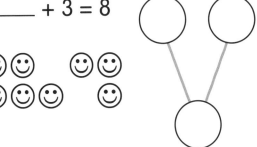

8. 10 + _____ = 10

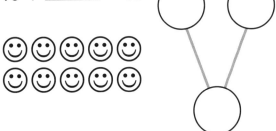

9. _____ + 10 = 10

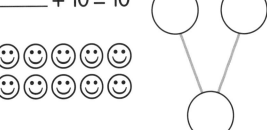

Ayuda a cada mamá mariposa a hallar a sus bebés.
Colorea las mariposas pequeñas que suman su número.

10.   5 | 1 + 4   4 + 1   3 + 3

11.   8 | 2 + 7   3 + 5   5 + 3

12.   7 | 7 + 0   0 + 7   3 + 5

13.   6 | 2 + 4   3 + 2   5 + 1

14.   9 | 2 + 6   1 + 8   4 + 5

Suma.

Puedes dibujar números conectados para que te sirvan de ayuda.

15.

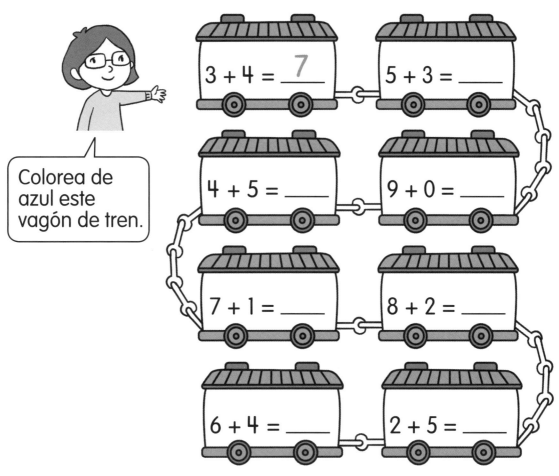

Colorea de azul este vagón de tren.

3 + 4 = _7_

5 + 3 = ____

4 + 5 = ____

9 + 0 = ____

7 + 1 = ____

8 + 2 = ____

6 + 4 = ____

2 + 5 = ____

Ahora, colorea los vagones del tren que aparece arriba.
Luego, completa la tabla con tus resultados.

16.

Si tu resultado es	Colorea de	Número de vagones
7	azul	
8	verde	
9	anaranjado	
10	rojo	

Resuelve.

17. Una pelota cae en la máquina de números.
¿Cuál pelota es?
Escribe el número correcto en la pelota que está abajo.

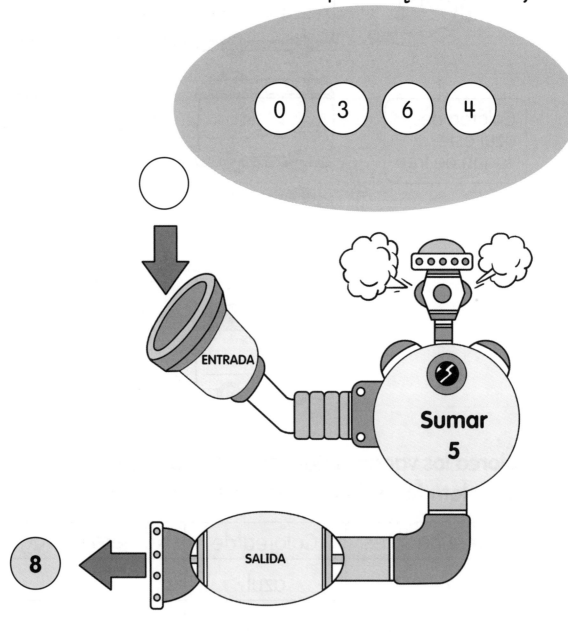

Práctica 3   Contar cuentos de suma

Usa las ilustraciones para contar cuentos de suma.
Usa números conectados para que te sirvan de ayuda.

— Ejemplo —

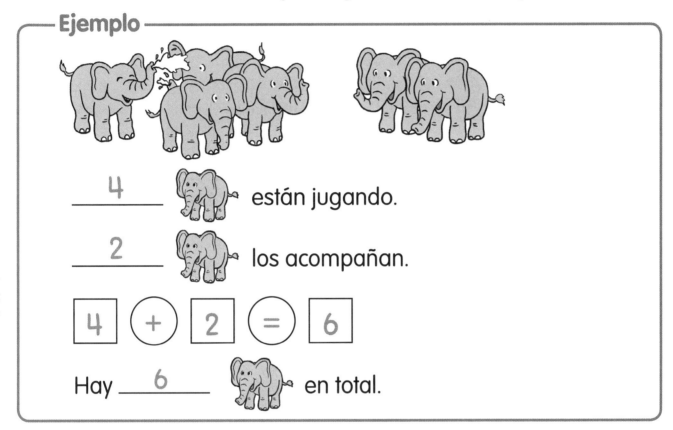

_____4_____  están jugando.

_____2_____ los acompañan.

| 4 | (+) | 2 | (=) | 6 |

Hay _____6_____ en total.

1.

Hay _____ .

Hay _____ .

☐ ○ ☐ ○ ☐

Hay _____   en total.

2.

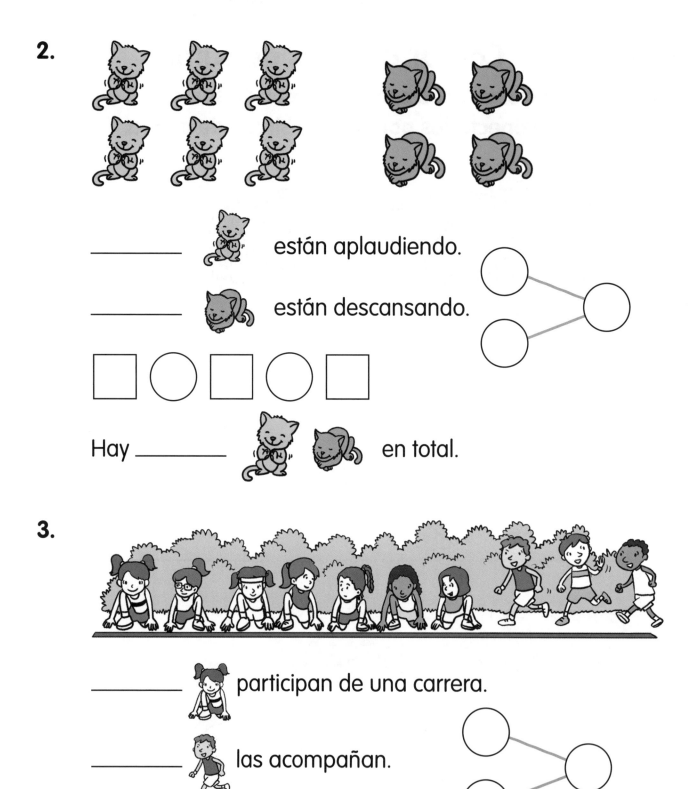

_____ están aplaudiendo.

_____ están descansando.

☐ ◯ ☐ ◯ ☐

Hay _____   en total.

3.

_____ participan de una carrera.

_____ las acompañan.

☐ ◯ ☐ ◯ ☐

Ahora, hay _____ corredores en la carrera.

4.

Sonia tiene _____ .

Compra _____ .

Sonia tiene _____ en total.

5.

Hay _____  .

Hay _____  .

Hay _____  en total.

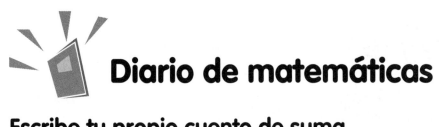

Diario de matemáticas

Escribe tu propio cuento de suma.

Usa las palabras para que te sirvan de ayuda.

Antes de empezar, colorea cada grupo de lápices con un color diferente.

lápices	compra	nuevos	lápiz	en total

_____

_____

_____

_____

□ ○ □ ○ □

_____

Práctica 4   Problemas cotidianos: La suma

Resuelve.

Escribe enunciados de suma para que te sirvan de ayuda.

Ejemplo

___2___ niñas están leyendo.

___1___ niño las acompaña.

¿Cuántos niños están leyendo?

$$2 + 1 = 3$$

Ahora, hay ___3___ niños leyendo.

1.

Hay _____ campanas.

Beavy trae _____ campanas más.

¿Cuántas campanas hay ahora?

Ahora, hay _____ campanas.

2.

Este juguete tiene _____ patas rectas.

Tiene _____ patas curvas.

¿Cuántas patas tiene el juguete en total?

El juguete tiene _____ patas en total.

3.

María tiene _____ manzanas.

Tiene _____ naranjas.

¿Cuántas frutas tiene María en total?

María tiene _____ frutas en total.

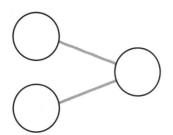

¡Ponte la gorra de pensar!

 ### Práctica avanzada

Resuelve.

Ivy y Reena tienen 10 premios en total.
No tienen igual número de premios.
¿Cuántos premios puede tener Reena?

Reena   Ivy

¡Hay más de una respuesta correcta!

Reena puede tener _____ premios.

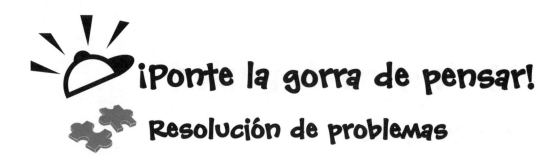

¡Ponte la gorra de pensar!

Resolución de problemas

Resuelve.

Lilian tiene estas velas.

Ayúdala a elegir la vela con el número correcto para el cumpleaños de su amigo.

- Tacha dos números que sumen 5.
- Tacha dos números que sumen 10.
- Observa los dos números que quedan.
  Tacha el número menor.

La vela correcta es la que tiene el número _____.

Repaso/Prueba del capítulo

Vocabulario

Elige la palabra correcta.

1. Para _____, debes contar hacia adelante desde el número mayor.

2. 2 + 3 = 5 es un _____.

3. 3 más 4 es _____ 7.

4. El signo "+" se lee así: _____.

5. 6 es 2 _____ 4.

más
sumar
igual a
más que
enunciado de suma

Conceptos y destrezas

Cuenta hacia adelante desde el número mayor para sumar.

6. 3 + 6 = _____

7. 7 + 1 = _____

8. 2 + 8 = _____

9. 1 + 9 = _____

Completa los espacios en blanco.

10. _____ es 3 más que 6.

11. _____ es 2 más que 5.

12. _____ es 4 más que 4.

Observa las ilustraciones.
Completa los espacios en blanco.

13.

Hay _____ 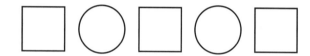 grandes.

Hay _____ pequeñas.

☐ ◯ ☐ ◯ ☐

Hay _____ en total.

Completa los números conectados.
Completa los espacios en blanco.

14.

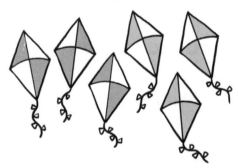 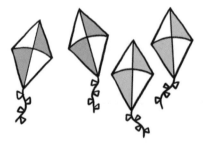

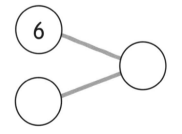 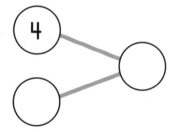

6 + _____ = _____   4 + _____ = _____

6 + 4 = 4 + _____

Resolución de problemas

Resuelve.

15. Carlos tiene 3 cinturones de color café.
Tiene 2 cinturones negros.
¿Cuántos cinturones tiene en total?

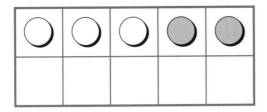

3 + 2 = _____

Carlos tiene _____ cinturones en total.

16. Jane tiene 4 moños.
Le regalan 3 moños más.
¿Cuántos moños tiene ahora?

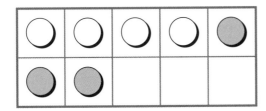

4 + 3 = _____

Ahora, Jane tiene _____ moños.

Dibuja .
Luego, resuelve.

17. ¿Cuántos juguetes hay en total?

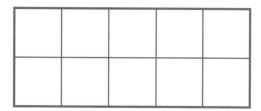

3 + _____ = _____

Hay _____ juguetes en total.

Observa la [_____] **de la pregunta 17 para responder a las preguntas.**

Encierra en un círculo la respuesta correcta.

18. **a.** ¿Hay más o más ?

Hay más .

b. ¿Cuántos más?

5 es 3   2 más que 3.

Operaciones de resta hasta 10

Práctica 1   Maneras de restar

Tacha para restar.
Luego, encierra en un círculo el resultado.

Ejemplo

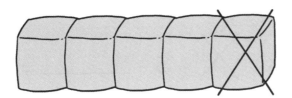

$5 - 1 = ?$ 3   ④   5

1.

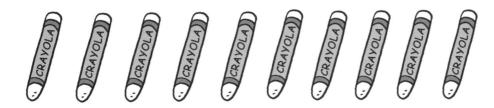

$10 - 1 = ?$ 9   8   7

2.

$8 - 2 = ?$ 2   6   8

Escribe un enunciado de resta para cada ilustración.

$9 - \underline{\quad 1 \quad} = \underline{\quad 8 \quad}$

3.

$5 - \underline{\hspace{2cm}} = \underline{\hspace{2cm}}$

4.

$9 - \underline{\hspace{2cm}} = \underline{\hspace{2cm}}$

5.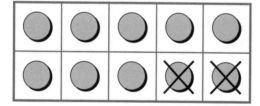

$10 - \underline{\hspace{2cm}} = \underline{\hspace{2cm}}$

6.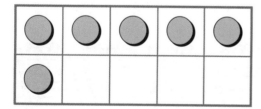

$6 - \underline{\hspace{2cm}} = \underline{\hspace{2cm}}$

Nombre: ______________________ Fecha: ______________

Completa.

Ejemplo

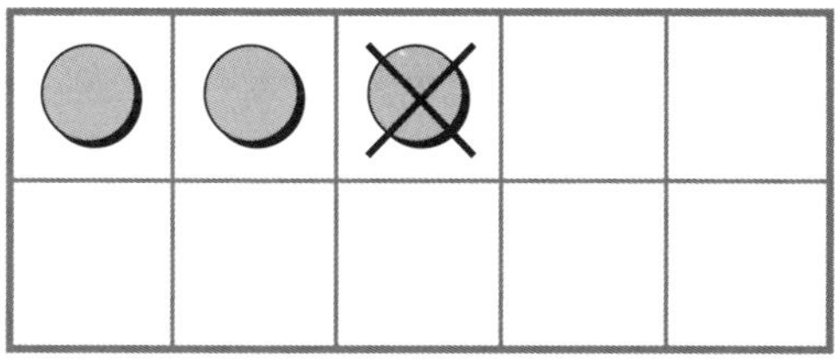

¿Qué número es 1 menos que 3?

3 – 1 = 2

7.

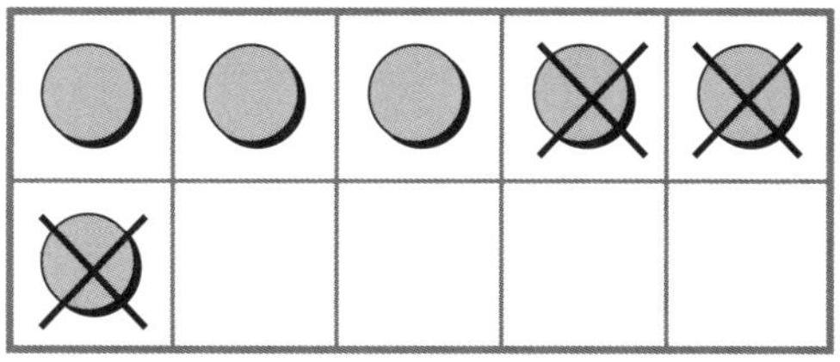

¿Qué número es 3 menos que 6?

6 – 3 = ______

Tacha para restar.
Luego, escribe el enunciado de resta.

Ejemplo

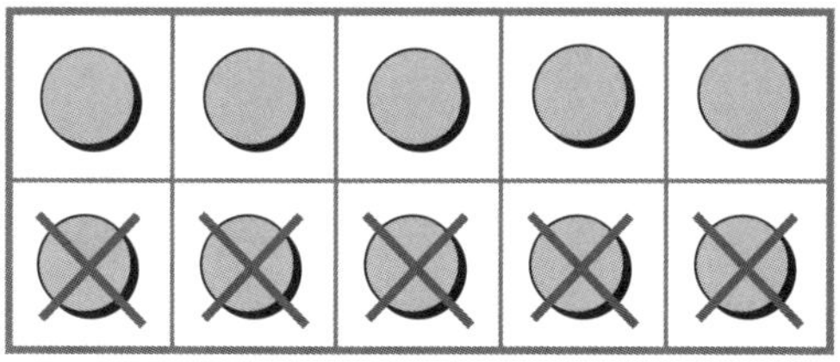

¿Qué número es 5 menos que 10?

10 - 5 = 5

8. ¿Qué número es 4 menos que 7?

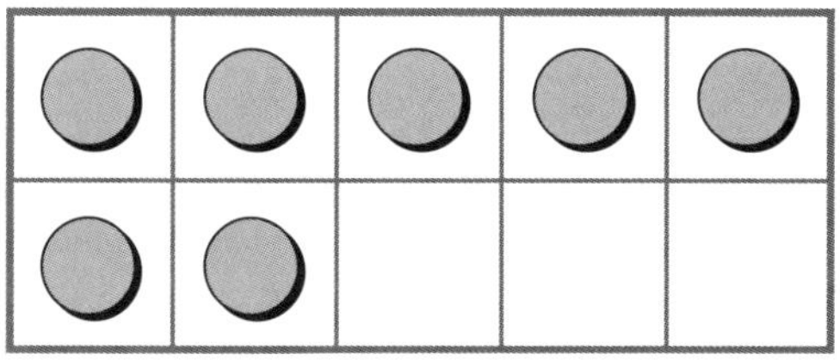

☐ ◯ ☐ ◯ ☐

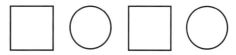

Tacha para restar.
Luego, escribe el enunciado de resta.

9.   ¿Qué número es 2 menos que 9?

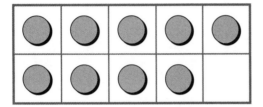   

Resta.
Cuenta hacia adelante desde el número menor.
Completa los espacios en blanco.

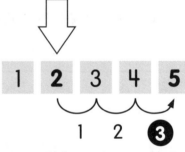

┌─ **Ejemplo** ─────────────────────────────────────┐

Comienza aquí.

5 – 2 = ____3____

| 1 | **2** | 3 | 4 | **5** |

1   2   ③

Cuenta hacia adelante 3 pasos.

└──┘

Cuenta hacia atrás desde el número mayor para restar. Completa los espacios en blanco.

Ejemplo

Comienza aquí.

$9 - 4 =$ _____5_____

| 1 | 2 | 3 | 4 | **5** | 6 | 7 | 8 | **9** |

4 3 2 1

Cuenta hacia atrás 4 pasos.

13. $10 - 1 =$ _____

| 1 | 2 | 3 | 4 | 5 | 6 | 7 | 8 | 9 | 10 |

14. $8 - 2 =$ _____

| 1 | 2 | 3 | 4 | 5 | 6 | 7 | 8 |

15. $7 - 3 =$ _____

| 1 | 2 | 3 | 4 | 5 | 6 | 7 |

16. $5 - 4 =$ _____

| 1 | 2 | 3 | 4 | 5 |

17. $8 - 5 =$ _____

| 1 | 2 | 3 | 4 | 5 | 6 | 7 | 8 |

18. $6 - 4 =$ _____

| 1 | 2 | 3 | 4 | 5 | 6 |

Colorea la figura correcta.

Ejemplo

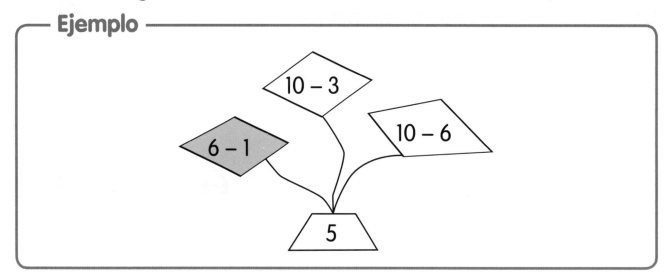

19.

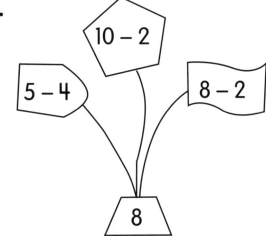

20.

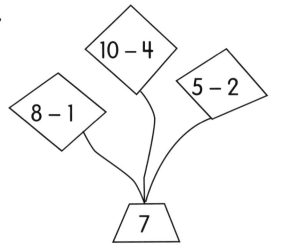

21.

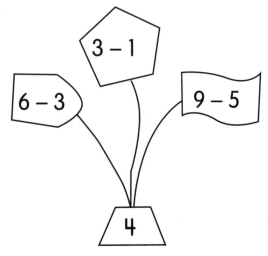

22.

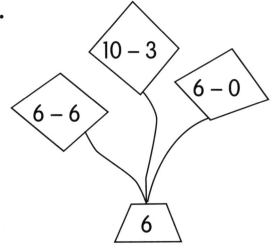

Práctica 2   Maneras de restar

Completa los números conectados.
Luego, completa el enunciado de resta.

Ejemplo

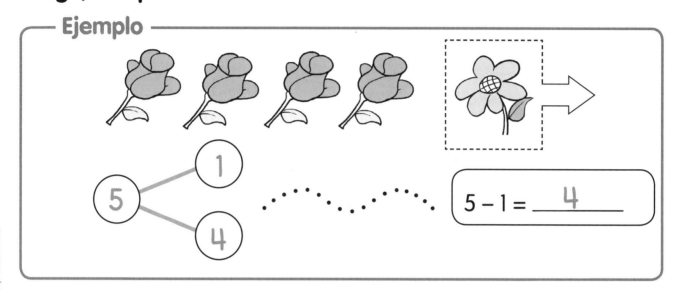

$5 - 1 = $ _____4_____

1.

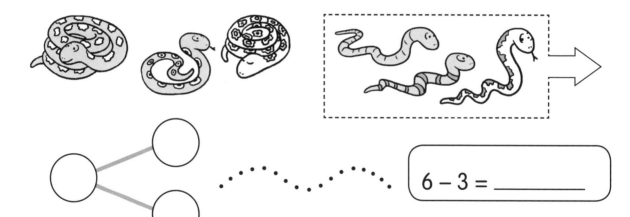

$6 - 3 = $ _____

2.

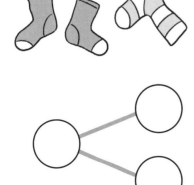

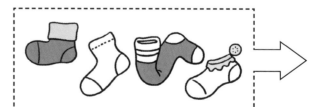

$7 - 4 = $ _____

3.

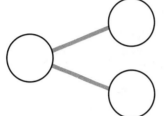 . . . . $8 - 3 =$ _____

4.

 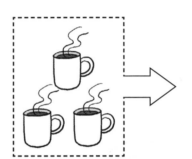

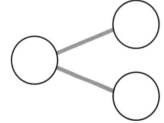 . . . . $9 - 3 =$ _____

5.

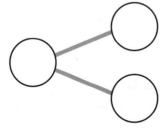 . . . . $10 - 8 =$ _____

Completa los números conectados.
Luego, escribe los números que faltan en los enunciados de resta.

Ejemplo

$7 - 1 =$ ___6___

☺☺☺☺☺☺☺

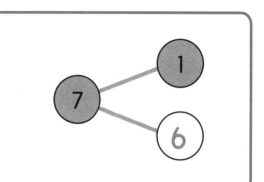

6. $10 - 3 =$ _____

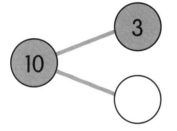

7. _____ $- 1 = 9$

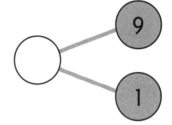

8. $4 -$ _____ $= 4$

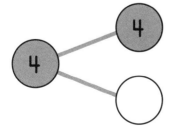

9. _____ $- 5 = 4$

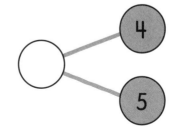

Algunos adhesivos están cortados.

Escribe un enunciado de resta para hallar cuántos quedan.

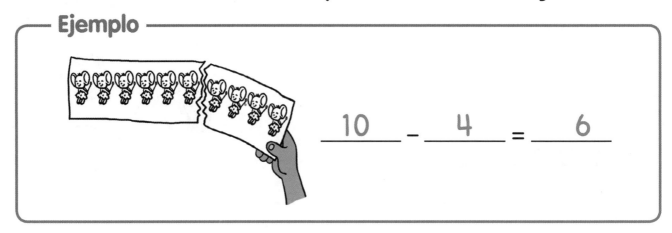

Ejemplo

$$10 - 4 = 6$$

10.

_____ − _____ = _____

11.

_____ − _____ = _____

12.

_____ − _____ = _____

Resta.
Luego, empareja los resultados para mostrar dónde vive cada animal.

13.

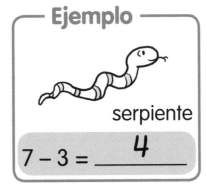

Ejemplo

serpiente

$7 - 3 = \underline{\quad 4 \quad}$

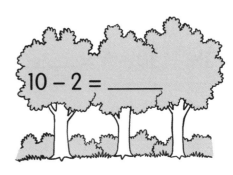

$10 - 2 = \underline{\qquad}$

gatito

$10 - 5 = \underline{\qquad}$

$8 - 4 = \underline{\quad 4 \quad}$

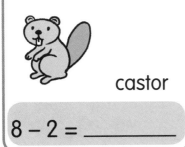

castor

$8 - 2 = \underline{\qquad}$

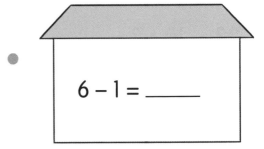

$6 - 1 = \underline{\qquad}$

ardilla

$9 - 1 = \underline{\qquad}$

$9 - 3 = \underline{\qquad}$

Completa.

Luego, escribe las letras en los ☐ correctos para resolver el acertijo.

14.	$10 - 5 = \underline{\quad 5 \quad}$	B
15.	$9 - 8 = \underline{\qquad}$	A
16.	$6 - 3 = \underline{\qquad}$	D
17.	$7 - 5 = \underline{\qquad}$	O
18.	$9 - 4 = \underline{\qquad}$	O
19.	$10 - 0 = \underline{\qquad}$	E
20.	$9 - 1 = \underline{\qquad}$	C
21.	$6 - 2 = \underline{\qquad}$	N
22.	$10 - 3 = \underline{\qquad}$	Í
23.	$9 - 0 = \underline{\qquad}$	R

¿Dónde guardan su dinero los peces?

En el | B | ☐ | ☐ | ☐ | ☐ | ☐ | ☐ | ☐ | ☐ | ☐ |

5   1   4   8   5   3   10   9   7   2

Nombre: _____   Fecha: _____

Práctica 3   Contar cuentos de resta

Observa las ilustraciones.

Cuenta cuentos de resta.

Escribe un enunciado de resta para cada cuento.

Ejemplo

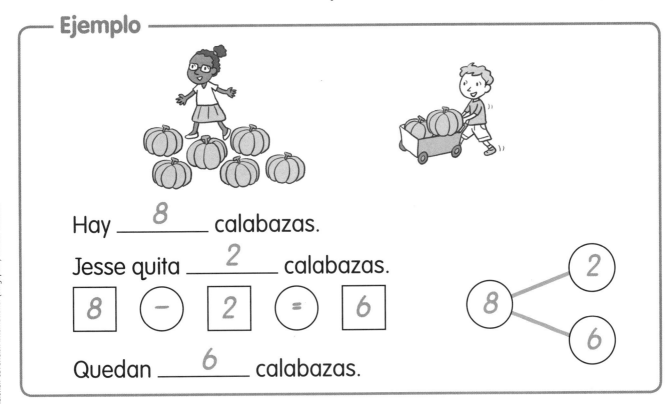

Hay ____8____ calabazas.

Jesse quita ____2____ calabazas.

$$\boxed{8} \; \bigcirc\!\!-\!\!\bigcirc \; \boxed{2} \; \bigcirc\!\!=\!\!\bigcirc \; \boxed{6}$$

Quedan ____6____ calabazas.

1.

Hay _____ niños.

_____ niños usan anteojos.

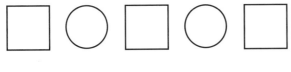

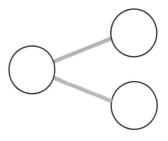

_____ niños no usan anteojos.

2.

Hay _____ ratones.

Todos los ratones se escapan.

□ ○ □ ○ □

Quedan _____ ratones.

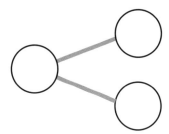

3.

rosas

tulipanes

Hay _____ flores.

_____ flores son tulipanes.

□ ○ □ ○ □

_____ flores son rosas.

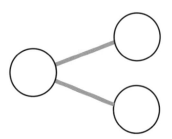

4.

Lola tiene _____ crayolas.

Le da _____ crayolas a Peter.

☐ ◯ ☐ ◯ ☐

A Lola le quedan _____ crayolas.

Diario de matemáticas

Colorea de café algunos conejos.
Luego, escribe un enunciado de resta.

1. Sally tiene 9 conejos.

_____ conejos son de color café.

¿Cuántos conejos son blancos?

_____ conejos son blancos.

Dibuja algunas pelotas en el cajón.
Tacha algunas de ellas.
Luego, escribe un enunciado de resta.

2. Jane tiene _____ pelotas.

Su perro muerde _____ de
las pelotas.

¿Cuántas pelotas le quedaron?

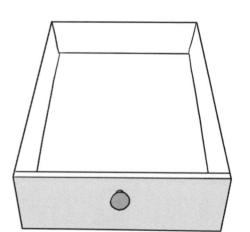

A Jane le quedaron _____ pelotas.

Fecha: _____

Práctica 4 Problemas cotidianos: La resta

Resuelve.

Ejemplo

Hay 5 personas.
1 persona se va.
¿Cuántas personas quedaron?

$$5 - 1 = 4$$

Quedaron ___4___ personas.

1.

Kate tiene 7 botones.
Ninguno es blanco.
¿Cuántos botones negros hay?

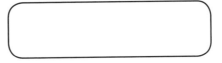

Hay _____ botones negros.

2.

Hay 8 cangrejos en la playa.
2 se alejan.
¿Cuántos cangrejos quedaron?

Quedaron _____ cangrejos.

Resuelve.

3.

Brian tiene 9 juguetes.
6 son automóviles y el resto
son osos.
¿Cuántos osos tiene Brian?

Brian tiene _____ osos.

4.

Hay 10 huevos en una canasta.
3 huevos ruedan fuera de
la canasta.
¿Cuántos huevos quedan?

Quedan _____ huevos.

5.

Abby hace 4 burbujas de jabón.
Las hace explotar a todas.
¿Cuántas burbujas quedan?

Quedan _____ burbujas.

Práctica 5   Formar familias de operaciones

Forma una familia de operaciones para cada ilustración.

Ejemplo

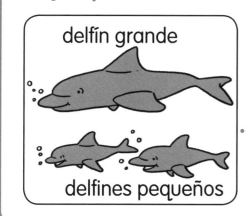

delfín grande

delfines pequeños

$$\underline{} 1 + \underline{} 2 = \underline{} 3$$

$$\underline{} 2 + \underline{} 1 = \underline{} 3$$

$$\underline{} 3 - \underline{} 1 = \underline{} 2$$

$$\underline{} 3 - \underline{} 2 = \underline{} 1$$

1.

_____ + _____ = _____

_____ + _____ = _____

_____ − _____ = _____

_____ − _____ = _____

2.

_____ + _____ = _____

_____ + _____ = _____

_____ − _____ = _____

_____ − _____ = _____

Resuelve.

Usa las operaciones relacionadas para que te sirvan de ayuda.

3. Simone tiene algunos tomates.
    Tira 5 tomates que están podridos.
    Le quedan 4 tomates.
    ¿Cuántos tomates tenía al principio?

    $\boxed{} - 5 = 4$

    $5 + 4 = \boxed{}$ es la operación de suma relacionada.

    Tenía _____ tomates al principio.

4. Marcus tiene 6 imanes.
    Susan le da algunos imanes.
    Ahora Marcus tiene 9 imanes.
    ¿Cuántos imanes le dio Susan a Marcus?

    $6 + \boxed{} = 9$

    $9 - 6 = \boxed{}$ es la operación de resta relacionada.

    Susan le dio a Marcus _____ imanes.

Escribe el número que falta.

Usa las operaciones relacionadas para que te sirvan de ayuda.

5. $\boxed{} + 5 = 10$ 6. $2 + \boxed{} = 7$

7. $\boxed{} - 8 = 2$ 8. $9 - \boxed{} = 3$

¡Ponte la gorra de pensar!

Práctica avanzada

Elige tres números para formar una familia de operaciones.
Luego, forma cada familia de operaciones.

1.

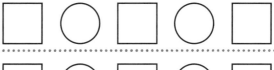
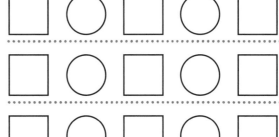

2.

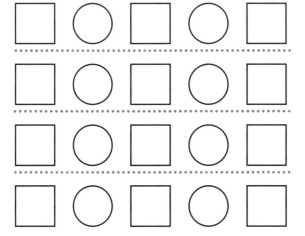

 **¡Ponte la gorra de pensar!**

 Resolución de problemas

Lee este acertijo.

Ejemplo

Pienso en dos números.

Cuando sumo los números, el resultado es 5.

$$0 + 5 = 5$$
$$1 + 4 = 5$$
$$2 + 3 = 5$$

¿Qué números forman 5?

Cuando resto los números, el resultado es 1.

$$5 - 0 = 5 \quad ✗$$
$$4 - 1 = 3 \quad ✗$$
$$3 - 2 = 1 \quad ✓$$

¿Qué dos números son?

Los dos números son 2 y 3.

Ahora te toca a ti.

Hay más de un resultado correcto.

Pienso en dos números.

Cuando sumo los números, el resultado es 8.

Cuando resto los números, el resultado
es menos que 6.

¿Qué dos números pueden ser?

Los dos números pueden ser _____ y _____.

Repaso/Prueba del capítulo

Vocabulario

Elige la palabra correcta.

1.   + es más, – es _____.

2.   3 es _____ 7.

3.   8 – 2 significa _____ 2 de 8.

4.   4 – 3 = 1 es un _____.

> enunciado
> de resta
> _____
> quitar
> _____
> menos
> _____
> menos que

Conceptos y destrezas

Completa cada enunciado de resta.

5.

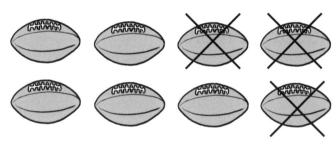

   8 – _____ = _____

6.   ¿Qué número es 4 menos que 6?

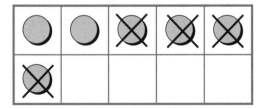

   6 – _____ = _____

7.   ¿Qué número es 3 menos que 9?

9 – _____ = _____

Cuenta hacia adelante desde el número menor.

8.   6 – 3 = _____

9.   9 – 7 = _____

Cuenta hacia atrás desde el número mayor.

10.   10 – 5 = _____

11.   7 – 6 = _____

Completa los números conectados.
Luego, completa los enunciados de resta.

12.   7 – 2 = ?

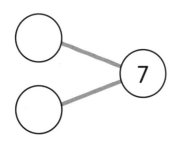

7 – 2 = _____

13.   ? – 2 = 8

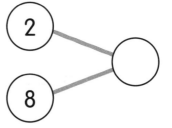

_____ – 2 = 8

Resta.
Usa las operaciones relacionadas.

14.   8 – 4 = _____   **15.**   7 – 3 = _____

16.   10 – _____ = 7   **17.**   5 – _____ = 5

Escribe un cuento de resta.

18.

_____

_____

_____

_____ – _____ = _____

_____

Forma una familia de operaciones.

19.

_____ + _____ = _____

_____ + _____ = _____

_____ – _____ = _____

_____ – _____ = _____

Resolución de problemas

Dibuja **.**

Táchalos para resolver.

Luego, escribe un enunciado numérico.

20. James tiene 9 peces en su pecera.
    Le da 4 peces a su amigo.
    ¿Cuántos peces le quedaron?

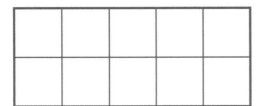

_____ – _____ = _____

A James le quedaron _____ peces.

Resuelve.

Usa las operaciones relacionadas para que te sirvan de ayuda.

21. El señor Peterson hornea 10 tartas.
    Come algunas de ellas.
    Ahora tiene 8 tartas.
    ¿Cuántas tartas comió?

10 – _____ = 8

El señor Peterson comió _____ tartas.

Repaso acumulativo
de los Capítulos 3 y 4

Conceptos y destrezas

Observa las ilustraciones.
Completa los enunciados numéricos.

1.

[ ] + [ ] = [ ]

2.

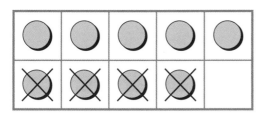

[ ] − [ ] = [ ]

Completa los números conectados.
Completa los espacios en blanco.

3. _____ + 5 = 10

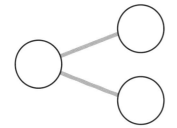

4. 8 − 3 = _____

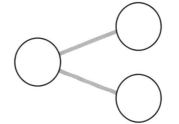

Completa los espacios en blanco.

5. 2 más que 8 es _____.

6. 3 menos que 7 es _____.

7. _____ es 2 más que 5.

8. _____ es 5 menos que 10.

Escribe el número que falta.
Usa operaciones relacionadas para que te sirvan de ayuda.

9. 2 + _____ = 8

10. _____ − 6 = 0

Elige tres números y forma una familia de operaciones.

11.

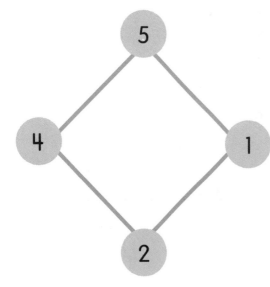
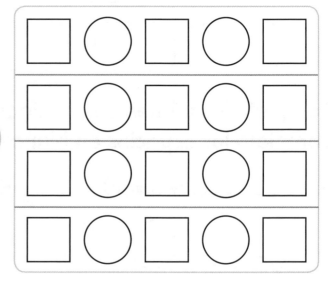

Resolución de problemas
Observa las ilustraciones.
Escribe un cuento de suma o de resta.

12.

Hay _____ .

Hay _____ .

Hay _____ en total.

13.

Hay _____ .

Jamal suelta _____ .

Quedaron _____ .

Resuelve.
Escribe enunciados de suma o de resta.

14. Ellen tiene 3 cucharas.
Su hermana le da 5 cucharas.
¿Cuántas cucharas tiene Ellen ahora?

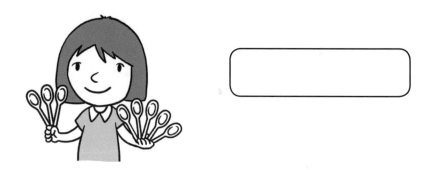

Ahora, Ellen tiene _____ cucharas.

15. Hay 8 peces en una pecera.
6 son peces ángel y el resto son peces de colores.
¿Cuántos peces de colores había?

Había _____ peces de colores.

CAPÍTULO 5 **Figuras, cuerpos y patrones**

Práctica 1   Explorar las figuras planas

Traza los puntos.

Luego, empareja cada figura con su nombre.

1.

• triángulo

• cuadrado

• rectángulo

• círculo

A cada figura le falta una parte.
Piensa en cómo sería la figura completa.
Luego, empareja las figuras con sus nombres.

2.

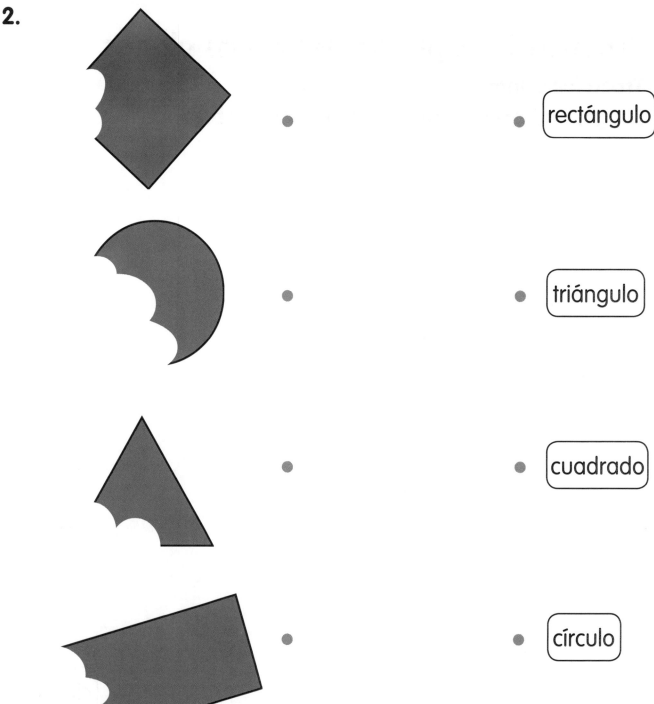

rectángulo

triángulo

cuadrado

círculo

Encierra en un círculo las figuras que tienen la misma forma que la figura sombreada.

3.

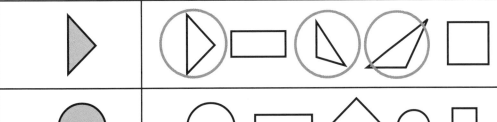

4.

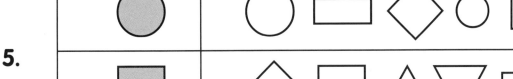

5.

6.

Colorea las figuras.

7. cuadrados

8. triángulos

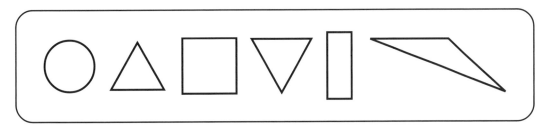

Colorea las figuras.

9. rectángulos

10. figuras que <u>no</u> son círculos

¿Cuál figura <u>no</u> está en cada conjunto?
Encierra en un círculo la respuesta correcta.

11.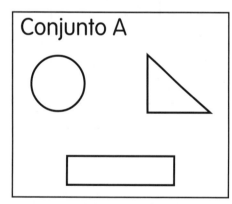

Conjunto A

El rectángulo/cuadrado
no está en este conjunto.

12.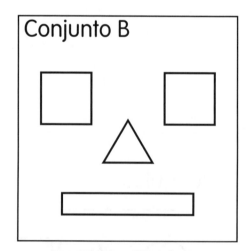

Conjunto B

El triángulo/círculo
no está en este conjunto.

¿Cuántos lados y esquinas hay?
Cuenta.

13.

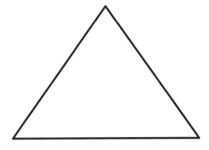

_____ lados

_____ esquinas

14.

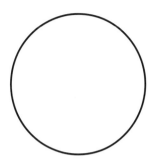

_____ lados

_____ esquinas

Clasifica las figuras según el <u>color</u>.
Encierra en un círculo la figura que es <u>diferente</u>.

15.

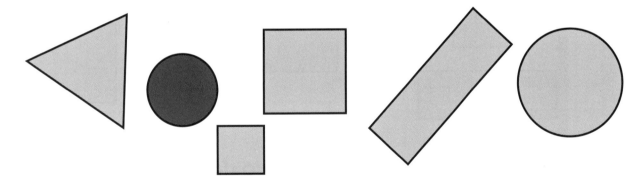

Clasifica las figuras según el <u>tamaño</u>.
Colorea las figuras que son <u>parecidas</u>.

16.

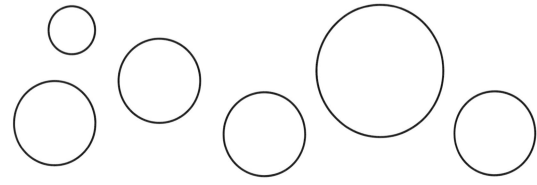

Clasifica las figuras según la <u>forma</u>.
Colorea las figuras que son <u>parecidas</u>.

17.

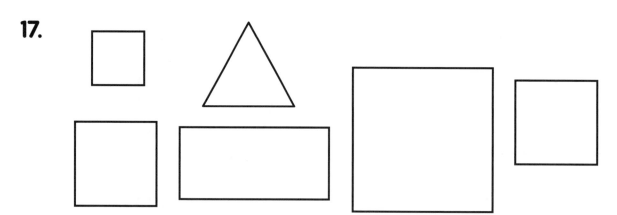

Clasifica las figuras según las <u>esquinas</u>.
Encierra en un círculo la figura que es <u>diferente</u>.

18.

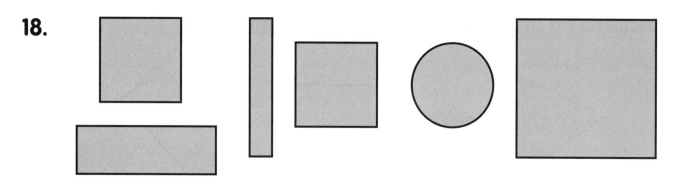

Clasifica las figuras según el <u>número de lados</u>.
Encierra en un círculo la figura que es <u>diferente</u>.

19.

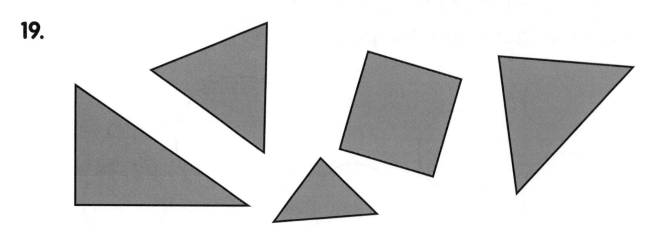

Lee.
Luego, responde a las preguntas.

1.   Josh tiene una hoja de papel cuadrada.
La dobla y la desdobla.
Luego, traza una línea sobre el pliegue.
Ahora, tiene dos figuras nuevas: A y B.

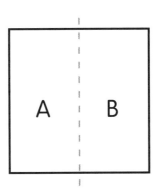

Escribe *sí* o *no*.

a.   ¿La figura A y la figura B tienen la misma forma? _____

b.   ¿La figura A y la figura B tienen el mismo tamaño? _____

Cuenta.

c.   ¿Cuántos lados hay?

Figura A _____   Figura B _____

d.   ¿Cuántas esquinas hay?

Figura A _____   Figura B _____

Escribe *sí* o *no*.

e.   ¿La figura A y la figura B son <u>diferentes</u>? _____

Luego, Josh recorta la figura A y la figura B.

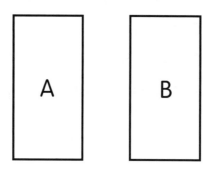

f.   ¿La figura A coincide exactamente con la figura B?

_____

¿Las figuras tienen la <u>misma</u> forma y el <u>mismo</u> tamaño? Escribe *sí* o *no*.

2.

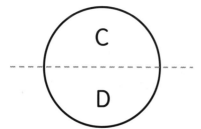

Figuras C y D _____

3.

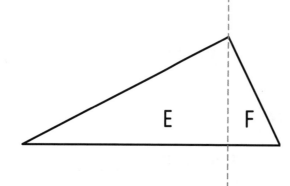

Figuras E y F _____

Práctica 3   Explorar los cuerpos geométricos

Empareja cada cuerpo con su nombre.

1.

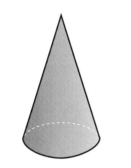   •   • cubo

   •   • cono

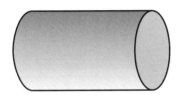   •   • pirámide

   •   • esfera

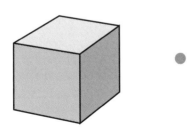   •   • cilindro

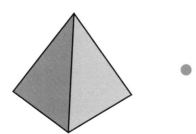   •   • prisma rectangular

Responde a las preguntas.
Encierra en un círculo los cuerpos.

2.   ¿Cuáles cuerpos <u>no</u> son cilindros?

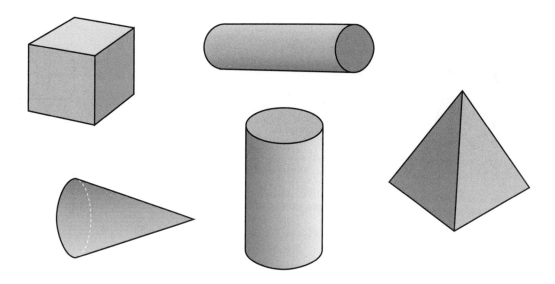

3.   ¿Cuáles cuerpos <u>no</u> son pirámides?

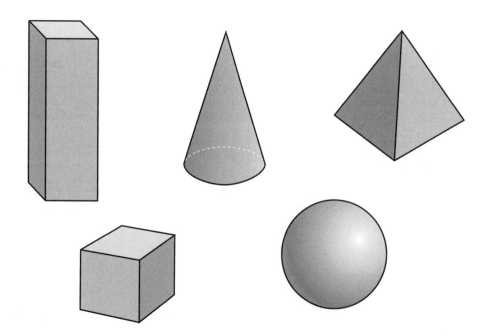

Nombre: _____   Fecha: _____

Responde a las preguntas.
Encierra en un círculo los cuerpos.

4.   ¿Cuáles cuerpos puedes apilar?

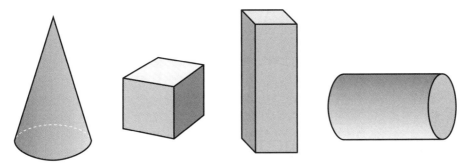

5.   ¿Cuáles cuerpos puedes deslizar?

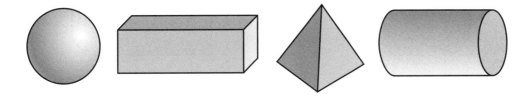

6.   ¿Cuáles cuerpos puedes hacer rodar?

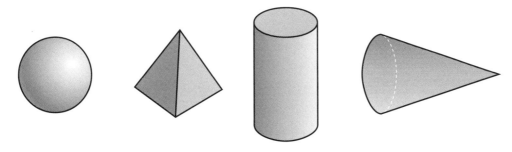

7. ¿Cuáles cuerpos <u>solo</u> se pueden deslizar?

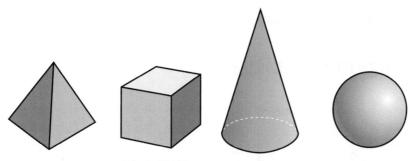

8. ¿Cuáles cuerpos <u>solo</u> se pueden hacer rodar?

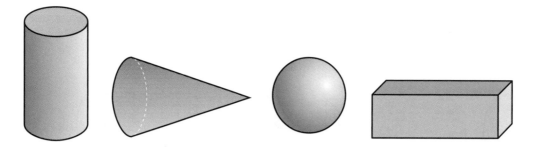

Práctica 4   Hacer ilustraciones y modelos con figuras y cuerpos

Halla las figuras en las ilustraciones.
Cuenta cuántas figuras de cada tipo hay.
Escribe el número.

1.

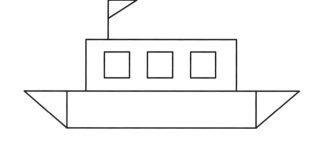

Figura	Número
△ triángulo	3
◯ círculo	
▭ rectángulo	
☐ cuadrado	

2.

Figura	Número
△ triángulo	
◯ círculo	
▭ rectángulo	
☐ cuadrado	

Empareja las piezas para formar una figura.
Nombra las figuras.
Usa las palabras del recuadro.

3.

_____

4.

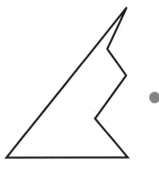   •   •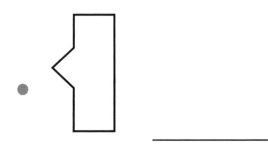

_____

5.

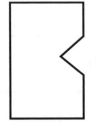   •   •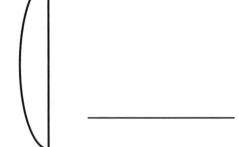

_____

6.

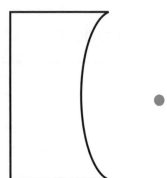   •   •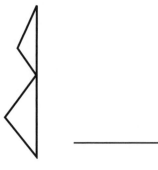

_____

Recorta las siguientes figuras y haz una ilustración.
Pega la ilustración aquí o en otra hoja.
No es necesario que uses todas las figuras.

7.

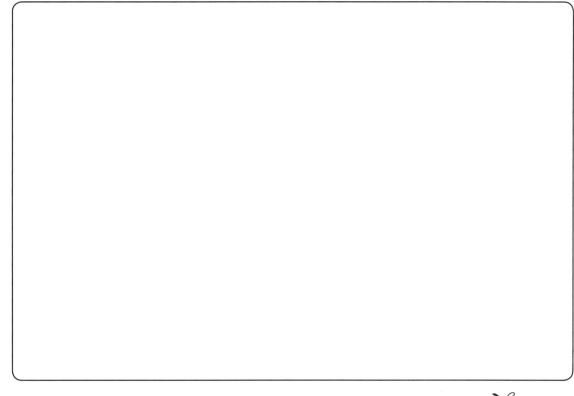

PÁGINA EN BLANCO

Nombre: _____ Fecha: _____

Observa las ilustraciones.
Luego, completa los espacios en blanco.

8. ¿Cuántos triángulos ves?

Veo _____ triángulos.

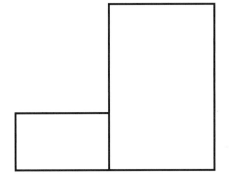

9. Se puede formar una estrella con triángulos.

Esta estrella está formada por

_____ triángulos.

Dibuja triángulos de otra manera para formar esta estrella.

Esta estrella está formada por

_____ triángulos.

10. Haz una ilustración con figuras.
Cuenta cuántas figuras de cada tipo hay.
Escribe el número.

Figura	Número
△ triángulo	
○ círculo	
▭ rectángulo	
□ cuadrado	

Práctica 5   Hacer ilustraciones y modelos con figuras y cuerpos

Observa las ilustraciones.
Cuenta cuántos cuerpos geométricos de cada tipo hay.
Escribe el número.

1.

Cuerpo		Número
⬤	esfera	
🗂	cilindro	
▱	prisma rectangular	
△	cono	
⬜	cubo	
◭	pirámide	

2.

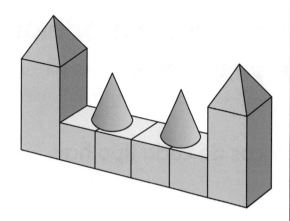

Cuerpo		Número
	esfera	
	cilindro	
	prisma rectangular	
	cono	
	cubo	
	pirámide	

3.

Cuerpo		Número
	esfera	
	cilindro	
	prisma rectangular	
	cono	
	cubo	
	pirámide	

Práctica 6   Reconocer figuras y cuerpos en nuestro entorno

Traza la forma de cada objeto.
Luego, colorea.

1.

| ● Círculos: rojos | ■ Cuadrados: amarillos |
| ▲ Triángulos: azules | ▬ Rectángulos: verdes |

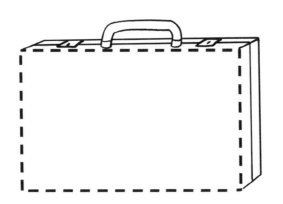
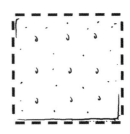

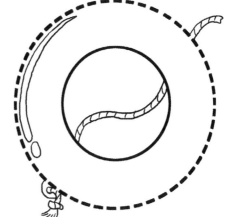

Observa las ilustraciones.
Encierra en un círculo los objetos correctos.

2. el objeto que tiene la forma de un cuadrado

3. el objeto que <u>no</u> tiene la forma de un círculo

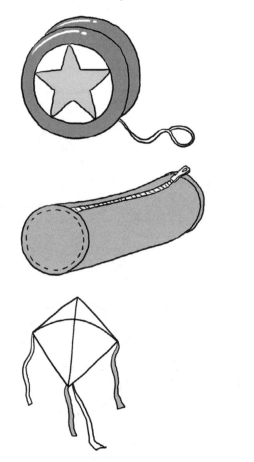

Mantén
limpia
tu
escuela

Empareja.

4.

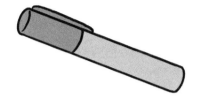   •   •   prisma
                                                                        rectangular

   •   •   esfera

   •   •   cubo

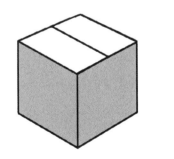   •   •   cilindro

   •   •   pirámide

Observa la ilustración.
Colorea los cuerpos de la ilustración.

5.

Cuerpo	Color
 cubo	azul
esfera	rojo
cono	amarillo

Cuerpo	Color
pirámide	morado
prisma rectangular	verde
cilindro	anaranjado

¿Qué cuerpo <u>no</u> está en la ilustración? _____

Práctica 7   Formar patrones con figuras planas

Clasifica las figuras.
Escribe los números en las casillas correctas.

1.

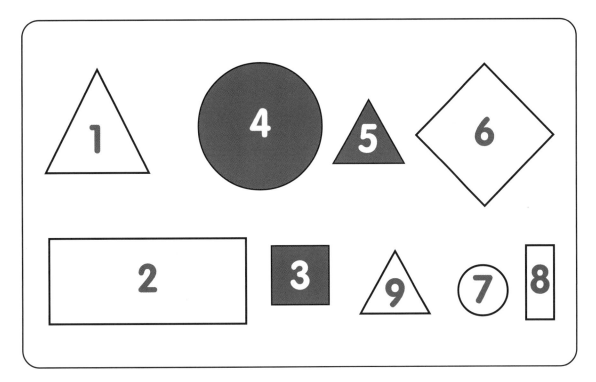

Figura

Círculos	Triángulos	Cuadrados	Rectángulos
4 7			

Tamaño

Grandes	Pequeños

Color

Negros	Blancos

Completa los patrones.
Dibuja la figura que falta.

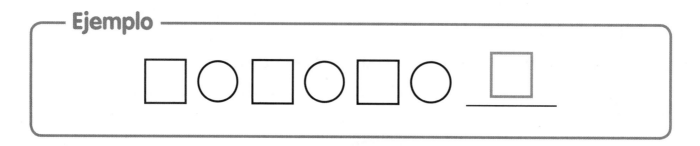

2.

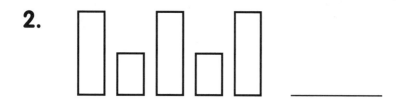

3.

4.

5.

6.

7.

Nombre: _____ Fecha: _____

Completa los patrones.
Encierra en un círculo la figura que falta.

Ejemplo

8.

9.

10.

11.

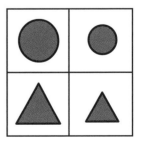

Completa los patrones.
Dibuja la figura que sigue.

12. 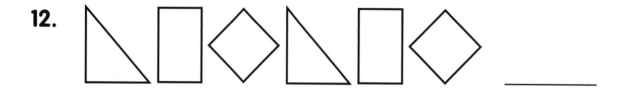 _____

13. 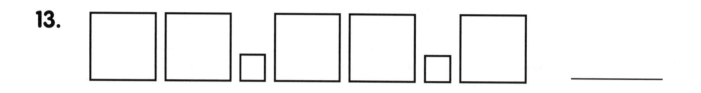 _____

14.  _____

15. 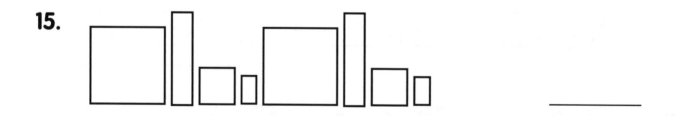 _____

16.  _____

Recorta las siguientes figuras.

Forma dos patrones.

No es necesario que uses todas las figuras.

17.   Pega el primer patrón aquí.

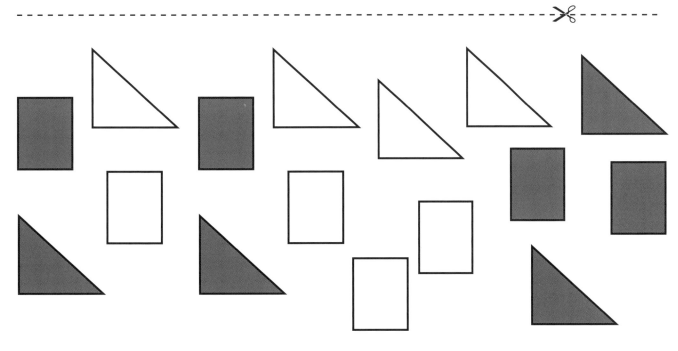

18. Pega el segundo patrón aquí.

✂ - - - - - - - - - -

Práctica 8 Formar patrones con cuerpos geométricos

Completa los patrones.
Encierra en un círculo el cuerpo que sigue.

1.

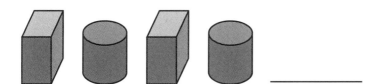 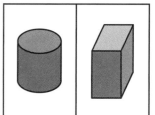

2.

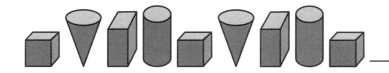

3.

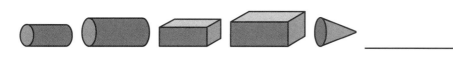 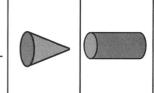

4.

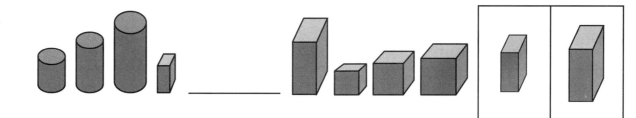

5.

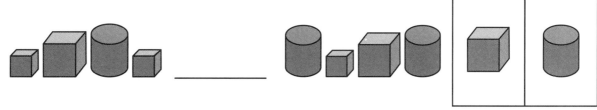

Encierra en un círculo el error que hay en el patrón. Luego, haz una ✔ para indicar el cuerpo correcto.

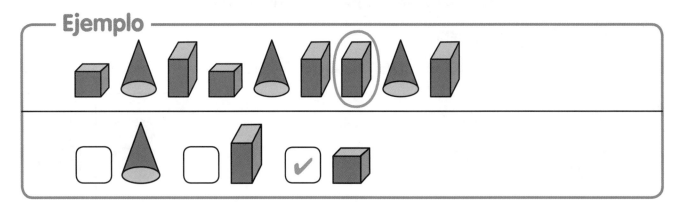

Ejemplo

6.

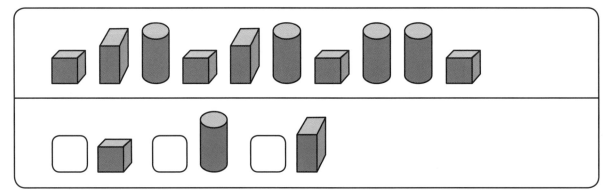

7.

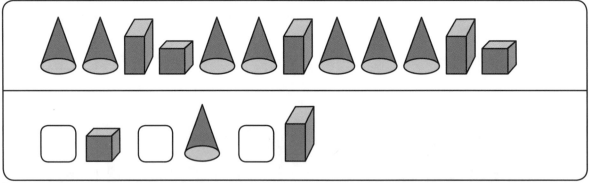

8.

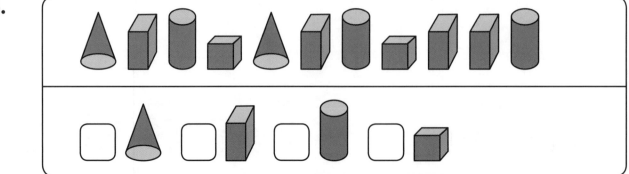

Nombre: _____   Fecha: _____

Diario de matemáticas

Elige dos objetos.
Enciérralos en un círculo.

1.

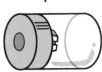
frasco

sacapuntas

ladrillo

cono de helado

Ahora, escribe sobre ellos.
Usa las palabras del recuadro para que te sirvan de ayuda.

cilindro	esfera	cubo	cono	pirámide	prisma rectangular
apilar	deslizar	hacer rodar	tamaño	cuerpo	

2. _____ tiene la forma de _____.

3. _____ tiene la forma de _____.

4. Puedes _____ la _____ para
que se mueva.

5. Puedes _____ el _____ para
que se mueva.

Continúa

© Marshall Cavendish International (Singapore) Private Limited.

Capítulo 5 Figuras, cuerpos y patrones   **125**

6. Mis objetos son parecidos porque _____

_____ .

7. Mis objetos son diferentes porque _____

_____ .

Forma un patrón con figuras planas.
Lee y dibuja.

8. Las figuras de este patrón son parecidas.
El tamaño de las figuras es diferente.

Nombre: _____   Fecha: _____

 **¡Ponte la gorra de pensar!**

 Práctica avanzada

Resuelve.

1. Ali, Jen, Bob y Dean tienen algunas figuras.
   Halla quién tiene cada conjunto de figuras.

   ● Ali tiene menos círculos que Bob.

   ● Todas las figuras de Jen tienen 3 lados o más.

   ● Bob tiene cuatro tipos de figuras.

   ● Dean no tiene cuadrados.

   Escribe el nombre que corresponda en la línea que está debajo de cada conjunto.

 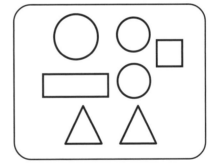

_____   _____

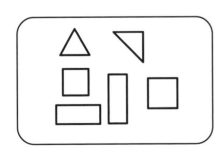 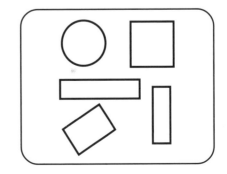

_____   _____

Recorta las piezas de las figuras de la página 129. Pega las piezas recortadas de modo que coincidan con las siguientes ilustraciones.

2.

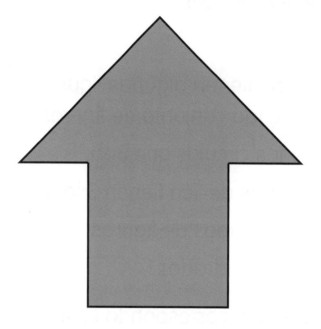

3.

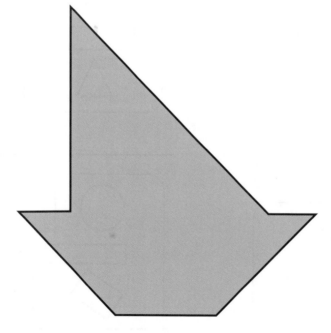

2.

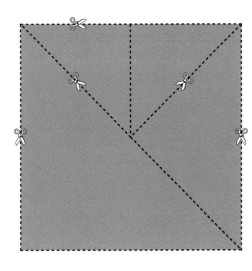

3.

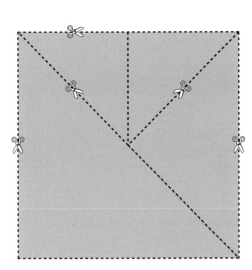

¡Ponte la gorra de pensar!

Resolución de problemas

Dibuja y completa el patrón.

Cada hilera (↔) y cada columna (↕) deben tener estas cuatro

figuras: ○ △ ☐ ▭ .

1.

△	○	▯	☐

Dibuja y completa el patrón.

Cada hilera (↔) y cada columna (↕) deben tener estas cuatro figuras: ◯ ☐ ☐ △.

2.

◯	☐	☐	△
		△	

Repaso/Prueba del capítulo

Vocabulario

Dibuja la figura.

1. cuadrado

2. rectángulo

3. triángulo

Escribe el nombre.
Usa las palabras del recuadro.

4.

5.

cilindro
esfera

_____

_____

Conceptos y destrezas

Traza la figura.
Escribe el número de lados y esquinas.

6.

_____ lados

_____ esquinas

7.

_____ lados

_____ esquinas

Responde a la pregunta.
Escribe *sí* o *no*.

8. ¿En qué se parecen estas figuras?

a. misma forma _____ **b.** mismo tamaño _____

c. mismo color _____

Encierra en un círculo los cuerpos geométricos que puedes hacer rodar.

9.

¿Cómo puedes mover una pirámide?
Encierra en un círculo la respuesta.

10.

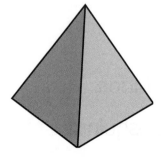

apilándola

deslizándola

haciéndola rodar

Observa la ilustración.
¿Cuáles figuras ves?
Escribe el número.

11.

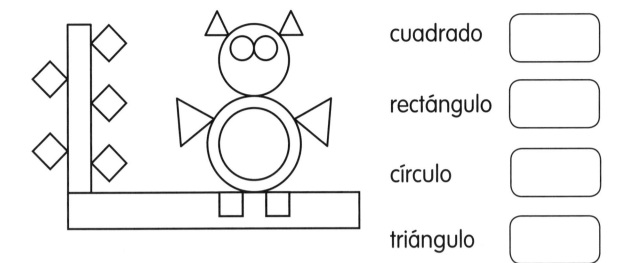

cuadrado	
rectángulo	
círculo	
triángulo	

Observa la ilustración.
¿Cuáles figuras y cuerpos ves?
Encierra en un círculo las respuestas.

12.

	Figuras planas	Cuerpos geométricos
	círculo	esfera
	triángulo	pirámide
	cuadrado	cilindro
	rectángulo	cono
		prisma rectangular

Completa el patrón.

Encierra en un círculo la figura o el cuerpo que sigue.

13.

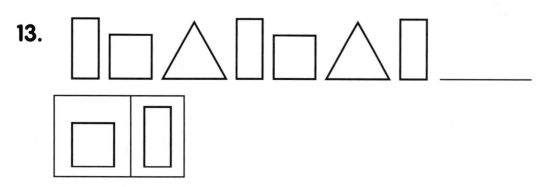

14.

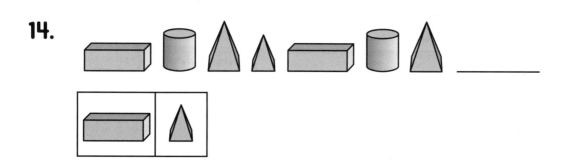

Resolución de problemas

Traza una línea para resolver.

Haz dos figuras que sean diferentes en forma y tamaño.

15.

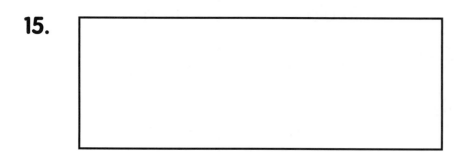

Nombre: _____ Fecha: _____

CAPÍTULO 6 Números ordinales y posición

Práctica 1 Números ordinales

Encierra en un círculo.

Ejemplo

el 2.° maíz

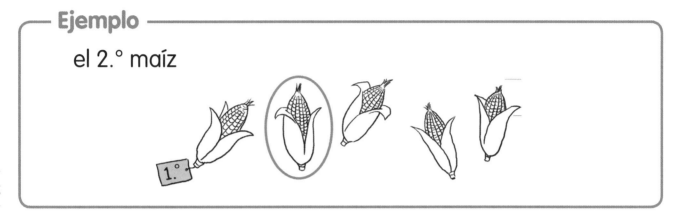

1. la 5.ª princesa

2. el 8.° pájaro

3. el 7.° patito

Colorea.

4. 3 ranas

la 3.ª rana

5. 10 hormigas

la 10.ª hormiga

Empareja.

6.

 primero ●

 segundo ●

 tercero ●

 cuarto ●

 quinto ●

 sexto ●

 séptimo ●

 octavo ●

 noveno ●

 décimo ●

●

●

●

●

●

●

●

●

●

●

Observa la ilustración.
Responde a las preguntas.

7. ¿Quién está primera en la carrera? _____

8. ¿Quién está cuarta en la carrera? _____

9. ¿En qué posición está Tandi? _____

10. ¿En qué posición está Jenn? _____

11. ¿Quién está última? _____

Práctica 2   Palabras que indican posición

Observa la ilustración.
Encierra en un círculo el nombre correcto.

Eddie   Denelle   Carlo   Ben   Alice

Ejemplo

¿Quién está después de Alice?   Carlo   (Ben)

1. ¿Quién está antes de Ben?   Carlo   Alice

2. ¿Quién está después de Carlo?   Ben   Denelle

3. ¿Quién está entre Eddie y Carlo?   Alice   Denelle

4. ¿Quién está entre Carlo y Alice?   Ben   Eddie

Colorea.

— Ejemplo —

el cuarto pájaro desde la izquierda

5. la segunda pizza desde la izquierda

6. el quinto mono desde la derecha

7. la novena pelota desde la derecha

Observa la ilustración.
Completa los espacios en blanco con las palabras del recuadro.

con pelo   delgado   gordo   grande   pequeño
largo

IZQUIERDA   DERECHA

| izquierda | derecha | junto | último |

8. El perro con pelo largo está primero a la _____.

9. El perro pequeño está _____ desde la izquierda.

10. El perro delgado está _____ al perro gordo.

11. El perro grande también está _____ al perro gordo.

Dibuja.

12. una manzana en el último plato desde la derecha
un plátano en el plato que está junto a la manzana
una naranja en el sexto plato desde la izquierda

Lee las pistas para responder a la pregunta.
Luego, escribe las letras en el ☐ correcto.

13. ¿Cuál es la capital de los Estados Unidos de América?

☐ ☐ ☐ ☐ ☐ ☐ ☐ ☐ ☐ ☐ D.C.
a b c d e f g h i j

Pistas:

G T H A S N I W O

Izquierda   Derecha

a.   la segunda letra desde la derecha

b.   la cuarta letra desde la izquierda

c.   la quinta letra desde la izquierda

d.   la tercera letra desde la izquierda

e.   la séptima letra desde la izquierda

f.   la cuarta letra desde la derecha

g.   la primera letra a la izquierda

h.   la letra que está junto a la "G"

i.   la última letra desde la izquierda

j.   la letra que está entre la "S" y la "I"

Práctica 3 Palabras que indican posición

Colorea.

1. de rosado el conejo que está debajo del conejo negro
    de gris el conejo que está encima del conejo negro
    de café el conejo que está bajo el papel
    de amarillo el cabello del niño que está detrás de la estantería
    de rojo el cabello del niño que está delante de la estantería

Observa la ilustración.

Completa los espacios en blanco con las palabras del recuadro.

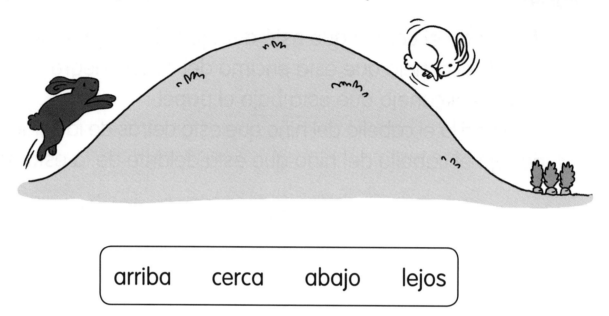

| arriba | cerca | abajo | lejos |

2. El conejo negro está saltando hacia _____ por la colina.

   El conejo negro está _____ de las zanahorias.

3. El conejo blanco está rodando hacia _____ por la colina.

   El conejo blanco está _____ de las zanahorias.

Nombre: _____   Fecha: _____

¡Ponte la gorra de pensar!

Práctica avanzada

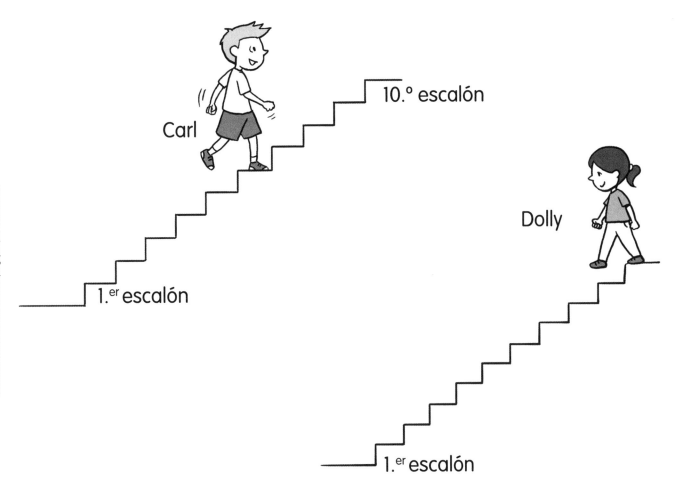

Carl

10.º escalón

Dolly

1.ᵉʳ escalón

1.ᵉʳ escalón

1. Si Carl trepa cuatro escalones hacia arriba, estará en el décimo escalón.

   Ahora, Carl está en el _____ escalón.

2. Si Dolly camina tres escalones hacia abajo, estará en el séptimo escalón.

   Ahora, Dolly está en el _____ escalón.

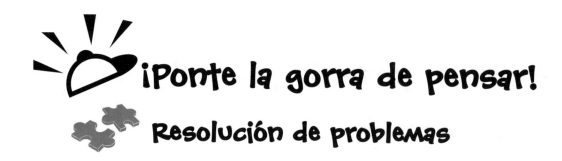

¡Ponte la gorra de pensar!

Resolución de problemas

1. Hay cuatro conejos: A, B, C y D.
   Lee las pistas.
   Completa los círculos con las letras correctas.

El conejo A es el 4.º desde la derecha.

El conejo C está junto al conejo A.

El conejo D está entre el conejo C y el conejo B.

Nombre: _____ **Fecha:** _____

2. Observa las ilustraciones.
Ordénalas.
Escribe el número ordinal que corresponde a cada ilustración.

7.º	4.º	6.º	2.º	1.º
8.º	3.º	9.º	5.º	10.º

3. Michael tiene tarjetas con estas figuras.

Forma este patrón:

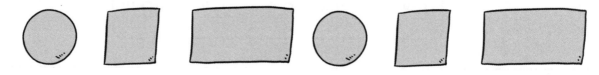

Continúa el patrón.
¿Cuál es la figura de la décima tarjeta desde la izquierda?

Dibuja para hallarla.

La décima tarjeta desde la izquierda es

Repaso/Prueba del capítulo

Vocabulario

Empareja.

1. 7.º   •

    3.º   •

    5.º   •

    10.º   •

    9.º   •

    •   noveno

    •   quinto

    •   séptimo

    •   tercero

    •   décimo

Observa las ardillas.
¿Dónde está la bellota?
Encierra en un círculo las palabras correctas.

2.

izquierda   derecha

3.

bajo   entre

4.

junto a   detrás de

5.

delante de   junto a

Conceptos y destrezas

Lee y dibuja.

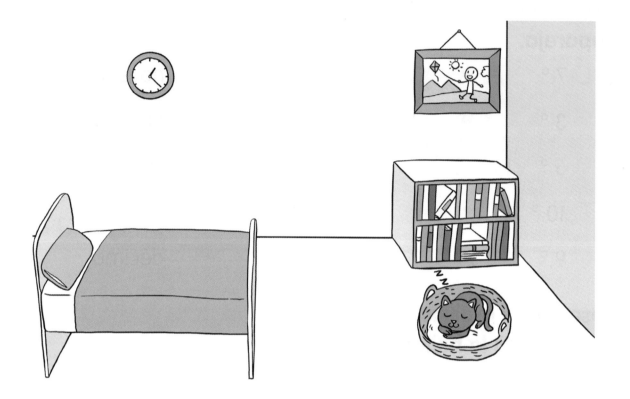

6. Los ⟨calcetines⟩ están bajo la cama.

7. La 🐟 está debajo del cuadro.

8. El 🐭 está lejos del gato.

9. La ⊞ está entre el reloj y el cuadro.

10. La 🕷 está encima de la cama.

11. La ○ está delante del gato.

Observa la ilustración
Completa los espacios en blanco.

arriba	después	antes	abajo	entre

12. Ryan está yendo hacia _____ por la escalera.

13. Gina, Marce y Brad están yendo hacia _____ por el tobogán.

14. Gina está _____ de Marce.

15. Brad está _____ de Marce.

16. Marce está _____ Brad y Gina.

Resolución de problemas

Colorea.

17.

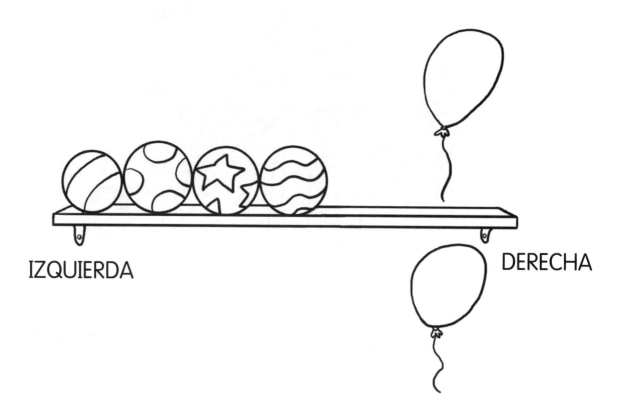

IZQUIERDA

DERECHA

La primera pelota a la derecha es azul.

La última pelota desde la derecha es anaranjada.

La pelota que está junto a la pelota azul es roja.

La pelota que está entre la pelota anaranjada y la pelota roja es verde.

El globo que está encima del estante es amarillo.

El globo que está debajo del estante es negro.

Repaso acumulativo
de los Capítulos 5 y 6

Conceptos y destrezas

Observa la ilustración.
Cuenta y escribe el número de figuras que ves.

1.

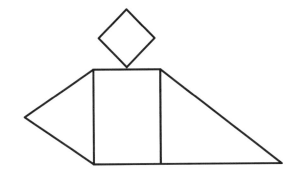

círculo ☐

rectángulo ☐

triángulo ☐

cuadrado ☐

2.

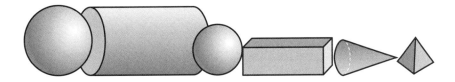

esfera   cilindro ☐   cubo

pirámide ☐   prisma
rectangular   cono

Halla cuántos lados y esquinas hay.

3.

☐   _____ lados

_____ esquinas

Clasifica las figuras según el <u>tamaño</u>.
Colorea las figuras que son <u>diferentes</u>.

4.

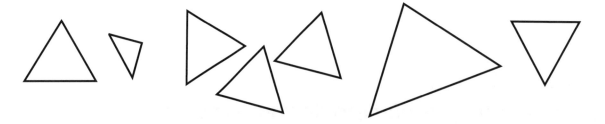

Clasifica las figuras según el <u>número de lados</u>.
Colorea las figuras que son <u>parecidas</u>.

5.

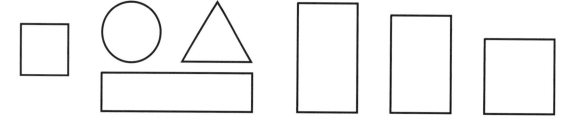

Colorea los cuerpos que ruedan.

6.

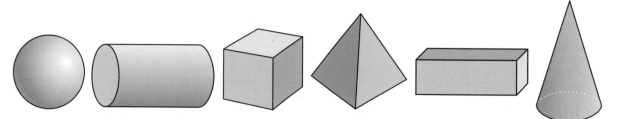

Colorea los cuerpos que se apilan y se deslizan.

7.

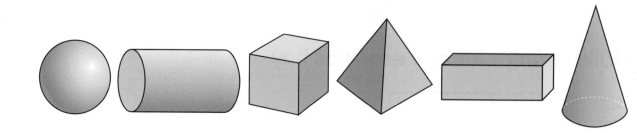

Observa la ilustración.
Encierra en un círculo la figura o el cuerpo correcto.

8.   La lata de sopa tiene la forma de un   cono   cilindro .

9.   La caja de cereal tiene la forma de un   prisma rectangular

    rectángulo .

10.   El rollo de toalla de papel tiene la forma de   una esfera   un cilindro .

11.   La parte de arriba de la caja de pizza tiene la forma de un

    cubo   cuadrado .

Completa el patrón.
Encierra en un círculo la figura o el cuerpo que falta.

12.
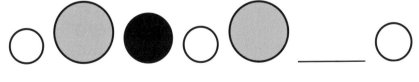
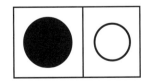

13.
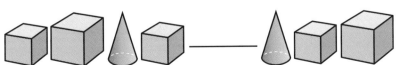
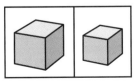

Colorea.

14. el 3.er adhesivo

1.º

15. el 6.º guante de béisbol

3.º

16. la 10.ª mariquita

4.ª

Empareja.

17.

1.º	•	•	tercero
2.º	•	•	octavo
9.º	•	•	segundo
3.º	•	•	primero
8.º	•	•	noveno

Nombre: _____   Fecha: _____

Observa cada ilustración.
Encierra en un círculo la palabra correcta.

Andy   Emma   Tandi   Mark

Eva

18. Andy está después de   antes de Eva.

19. Emma está antes de   entre Tandi y Mark.

20. Tandi está después de   entre Emma y Mark.

Emma   Tandi

Andy   Mark

Eva

21. Mark es el 2.º de la izquierda   derecha .

22. Andy es el primero   último de la izquierda.

23. Mark está delante de   detrás de Tandi.

24. Andy está cerca de   lejos de Eva.

Resolución de problemas

Resuelve.

25. Shantel dibuja un rectángulo.

Luego, traza una línea para hacer dos figuras nuevas.

Las dos figuras nuevas son parecidas.

Las figuras nuevas tienen igual forma y tamaño.

Las figuras nuevas tienen 3 esquinas y 3 lados.

Traza una línea para formar las dos figuras.

Completa.

26. Este es un patrón de figuras.

a. Colorea la 3.ª figura.

b. Dibuja las tres figuras que siguen en el patrón.

c. Dibuja la 9.ª figura.

d. La 1.ª figura es un cuadrado.
La 4.ª figura es un cuadrado.

La _____ figura también es un cuadrado.

CAPÍTULO 7 Los números hasta 20

Práctica 1 Contar hasta 20

Escribe los números.

— Ejemplo —

10

11

1.

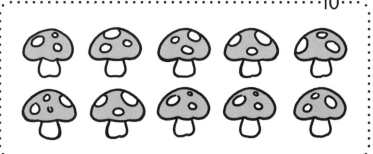

10

2.

10

3.

4.

Encierra en un círculo la decena.
Colorea el resto.
Escribe los números.

Ejemplo

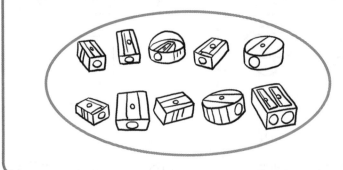 

_12_

5.

_____

6.

_____

7.

_____

Completa los espacios en blanco.

8.

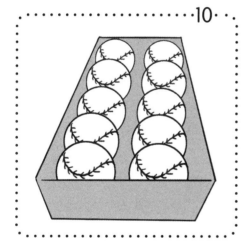

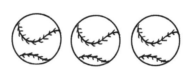

10 y 3 forman _____.

10 + 3 = _____

9.

10 y 6 forman _____.

10 + 6 = _____

10.

10 y 9 forman _____.

10 + 9 = _____

11.

10 y 8 forman _____.

10 + 8 = _____

Completa los espacios en blanco con el número o la palabra correcta.

12. _____ y _____ forman 12.

13. _____ y _____ forman 15.

14. _____ es igual a diez y cuatro.

15. _____ es igual a siete y diez.

Completa los espacios en blanco.

16. 10 + 3 = _____   **17.** 10 + 4 = _____

18. 10 + 5 = _____   **19.** 10 + 6 = _____

20. 10 + 9 = _____   **21.** 10 + 10 = _____

22. 2 + 10 = _____   **23.** 8 + 10 = _____

Cuenta.
Encierra en un círculo la palabra correcta.

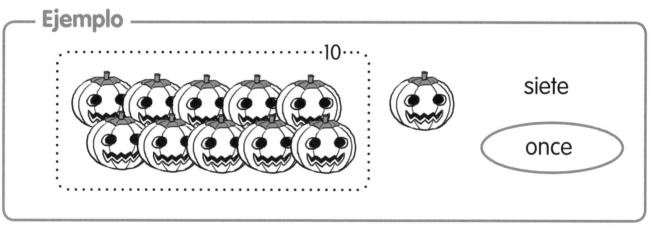

Ejemplo

siete

(once)

24.

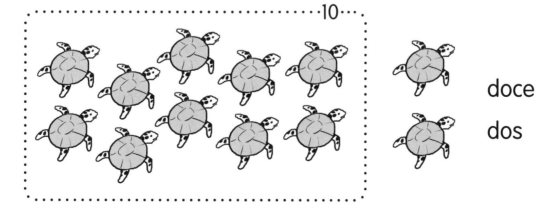

doce

dos

25.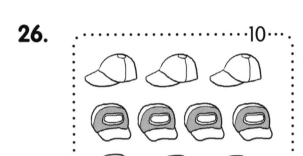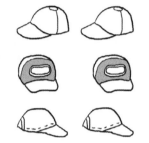

catorce

quince

26.

diecisiete

dieciséis

27.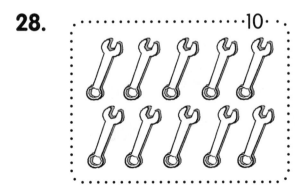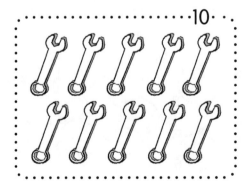

diecinueve

veinte

28.

dieciocho

veinte

Práctica 2   Valor posicional

Observa las ilustraciones.
Completa los espacios en blanco.

Ejemplo

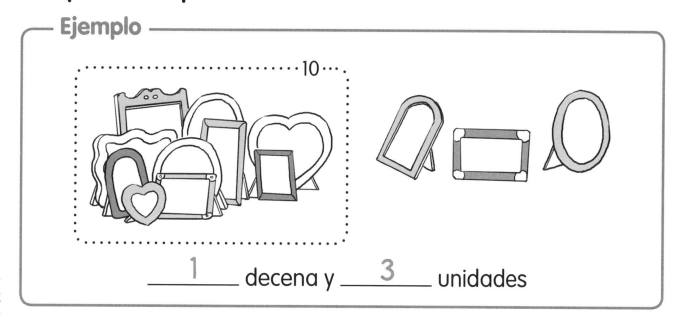

_____1_____ decena y _____3_____ unidades

1.

_____ decena y _____ unidades

2.

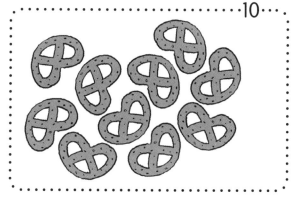 

_____ decena y _____ unidades

3.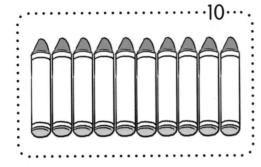

_____ decenas y _____ unidades

Completa las tablas de valor posicional.

Ejemplo

	Decenas	Unidades
19	1	9

4.

	Decenas	Unidades
11		

5.

	Decenas	Unidades
12		

6.

	Decenas	Unidades
15		

7.

	Decenas	Unidades
20		

Muestra el número.

Dibuja ▯ para representar las decenas y ☐ para representar las unidades.

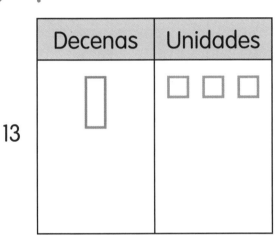

Ejemplo

Decenas	Unidades
▯	☐ ☐ ☐

13

8.

13

Decenas	Unidades

12

9.

Decenas	Unidades

16

10.

Decenas	Unidades

18

11.

Decenas	Unidades

19

Observa las tablas de valor posicional.
Escribe los números.

12.

Decenas	Unidades

_____

13.

Decenas	Unidades

_____

14.

Decenas	Unidades

_____

15.

Decenas	Unidades

_____

Completa los espacios en blanco.

16.   13 = 1 decena y _____ unidades

17.   17 = _____ decena y 7 unidades

18.   15 = 1 decena y _____ unidades

19.   12 = _____ decena y 2 unidades

20.   19 = 1 decena y _____ unidades

Nombre: _____   Fecha: _____

Práctica 3 Comparar números

Escribe el número en cada conjunto.
Luego, completa los espacios en blanco.

Ejemplo

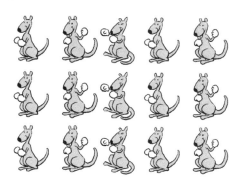 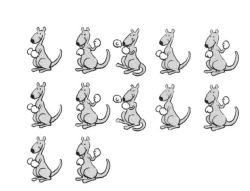

Conjunto A: ___15___   Conjunto B: ___12___

El conjunto ___A___ tiene ___3___ canguros más que

el conjunto ___B___.

1.

Conjunto A: _____   Conjunto B: _____

El conjunto _____ tiene _____ pingüinos más que

el conjunto _____.

Escribe el número en cada conjunto.
Luego, completa los espacios en blanco.

2.

Conjunto A: _____   Conjunto B: _____

El conjunto _____ tiene _____ cocodrilos más que

el conjunto _____.

3.

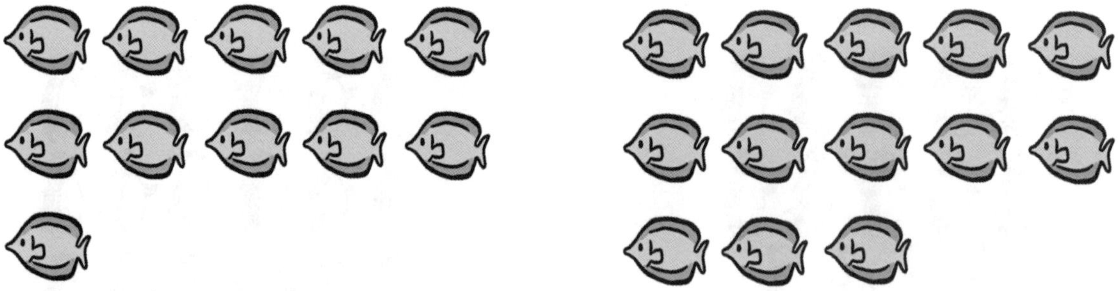

Conjunto A: _____   Conjunto B: _____

El conjunto _____ tiene _____ peces menos que el

conjunto _____.

4.

Conjunto A: _____   Conjunto B: _____

El conjunto _____ tiene _____ mariposas menos

que el conjunto _____.

5.

Conjunto A: _____   Conjunto B: _____

El conjunto _____ tiene _____ hormigas menos que

el conjunto _____.

Colorea la casa que tiene el número menor.
Luego, completa los espacios en blanco.

Ejemplo

Decenas	Unidades

_____19_____ es mayor que _____16_____.

_____16_____ es menor que _____19_____.

Las decenas son iguales. Compara las unidades. 9 unidades es mayor que 6 unidades. 6 unidades es menor que 9 unidades.

6.

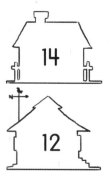

Decenas	Unidades

_____ es menor que _____.

7.

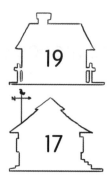

Decenas	Unidades

_____ es mayor que _____.

Halla el número menor.
Colorea el animal de rojo.
Halla el número mayor.
Colorea el animal de azul.

8.

9.

Colorea el dibujo que tiene el número correcto.
Luego, completa los espacios en blanco.

10.   el número mayor:

¿Cuánto mayor es el número? _____

11. el número menor:

¿Cuánto menor es el número? _____

Completa los espacios en blanco de cada tabla de valor posicional.
Luego, colorea el cartel que tiene el número mayor.

12.

Decenas	Unidades
1	9

Decenas	Unidades

Decenas	Unidades

Completa los espacios en blanco de cada tabla
de valor posicional.
Luego, colorea el cartel que tiene el número menor.

13.

Decenas	Unidades
_____	_____

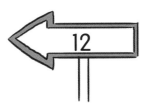

Decenas	Unidades
_____	_____

Decenas	Unidades
_____	_____

Compara los números.
Completa los espacios en blanco.

14.

_____ es el número menor.

_____ es el número mayor.

Compara los números.
Completa los espacios en blanco.

15.

_____ es el número menor.

_____ es el número mayor.

16.

_____ es el número menor.

_____ es el número mayor.

17.

_____ es el número menor.

_____ es el número mayor.

Nombre: _____ Fecha: _____

Práctica 4   Formar patrones y ordenar números

Resuelve.

1. Alex usa círculos para formar un patrón.
   ¿Cuántos círculos siguen en el patrón?
   Dibuja los círculos en el recuadro vacío.
   Escribe el número de círculos debajo de este recuadro.

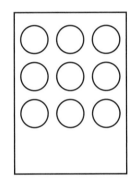 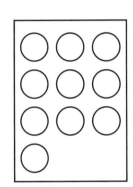 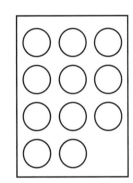 

_____

Completa los patrones.

2.

3.

Observa los números.
Completa los espacios en blanco.

4. _____ es igual a 2 más que 15.

5. _____ es igual a 2 menos que 20.

6. 1 más que 18 es igual a _____.

7. 2 menos que 19 es igual a _____.

Completa los patrones numéricos.

8. 9 — 11 — ☐ — 15 — ☐ — 19

9. 12 — ☐ — 16 — 18 — ☐

10. 19 — 17 — ☐ — 13 — ☐ — ☐

11. 8 — 11 — 14 — ☐ — 20

12. 14 — 12 — ☐ — 8 — ☐ — 4 — ☐

Ayuda a Rosa a ordenar los pinos y las bolas de una bolera.

13. Ordena los números en los  de menor a mayor.

el menor

14. Ordena los números en las de mayor a menor.

el mayor

Diario de matemáticas

Cuenta cuántos adhesivos tienen los niños.
Completa los espacios en blanco.

1.

Pedro tiene _____ adhesivos.   Tim tiene _____ adhesivos.

Dibuja cuántos adhesivos tienes.
Luego, completa los espacios en blanco.

2.

Yo tengo _____ adhesivos.

Escribe cuántos adhesivos tiene cada uno.
Completa los espacios en blanco con los nombres correctos.

3. _____ tiene más adhesivos que _____.

4. _____ tiene menos adhesivos que _____.

5. _____ tiene el número mayor de adhesivos.

6. _____ tiene el número menor de adhesivos.

¡Ponte la gorra de pensar!

 ## Práctica avanzada

1. La clase 1.º A de la escuela Greenfield organiza un torneo de básquetbol. Descubre quién ganó.

PISTAS

Rita encestó el número menor de canastas.

John encestó tres canastas más que Rita.

Dion encestó más canastas que Rachel pero menos que Frank.

Escribe los nombres junto al número de canastas que encestó cada jugador.

Canastas

_____ ⚫⚫⚫⚫⚫⚫

_____ ⚫⚫⚫⚫⚫⚫⚫

_____ ⚫⚫⚫⚫⚫⚫⚫⚫⚫
⚫⚫⚫

_____ ⚫⚫

_____ ⚫⚫⚫⚫⚫

¿Quién ganó el torneo? _____

Completa los espacios en blanco.

2. $10 + \underline{\hspace{2cm}} = 15$

3. $10 + \underline{\hspace{2cm}} = 11$

4. $10 + \underline{\hspace{2cm}} = 18$

5. $\underline{\hspace{2cm}} + 10 = 14$

6. $\underline{\hspace{2cm}} + 10 = 17$

Escribe los nombres correctos.

7. Estos son los números de 12 jugadores de un equipo.

Roy 19   Bess 5   Shanon 14   Anita 1   Brad 8   Ally 3   Sally 11

Rafer 16   Anuya 0   Robin 20   Ben 7   Seth 10

¿Cuáles nombres tienen los siguientes números?

Números menores que 5	Números de 5 a 9	Números de 10 a 14	Números de 15 a 20

¡Ponte la gorra de pensar!

Resolución de problemas

Usa las pistas de la siguiente página.

Ayuda a Tony a descubrir qué números tenía.

Lee lo que dijeron los amigos de Tony.

Encierra en un círculo los números de la tarjeta que Tony había cubierto con fichas.

Primero, cubre el número mayor.

Luego, cubre el número que es 2 unidades menor que el número mayor.

Después, cubre el número menor.

Hay dos números más. Recuerdo que uno de esos números es 3 unidades menor que el otro número.

La tarjeta de Tony.

1	9	13	18
5	3	7	17
16	11	15	12

Repaso/Prueba del capítulo

Vocabulario

Ordena las letras para escribir cada número correctamente.

1. 15 u i q c n e

_____

2. 11 c o n e

_____

3. 18 c i d e c o i o h

_____

4. 20 t v e e i n

_____

Completa los espacios en blanco con las palabras correctas.

> tabla de valor posicional   comparar

5. Puedes mostrar números en decenas y unidades en

una _____.

6. Al _____ 12 y 15, 12 es el número menor.

Conceptos y destrezas

Cuenta. Escribe el número.

7.

_____ marionetas

8.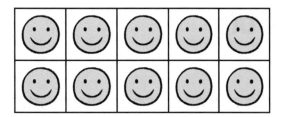

_____ caras

Completa los espacios en blanco.

9.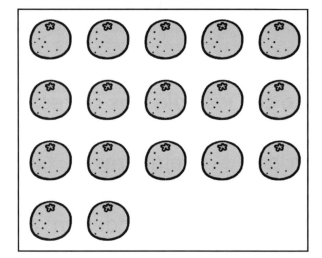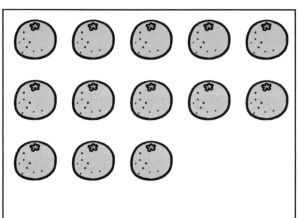

Conjunto A: _____   Conjunto B: _____

El conjunto _____ tiene _____ naranjas más que el conjunto _____.

El conjunto _____ tiene _____ naranjas menos que el conjunto _____.

¿Cuál es el número mayor? _____

Completa el patrón numérico.

10.   13, 14, _____, _____, 17, _____, 19

11.   19, 17, _____, 13, 11, _____

Nombre: _____   **Fecha:** _____

Ordena los números de menor a mayor.

12.

| 17 | 3 | 0 | 10 | 15 |

_____ , _____ , _____ , _____ , _____

Ordena los números de mayor a menor.

13.

| 11 | 19 | 8 | 9 | 14 |

_____ , _____ , _____ , _____ , _____

Resolución de problemas

Lee las pistas.

Luego, tacha los números y resuelve.

Ejemplo

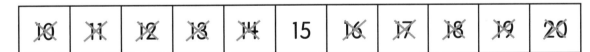

| 1̶0̶ | 1̶1̶ | 1̶2̶ | 1̶3̶ | 1̶4̶ | 15 | 1̶6̶ | 1̶7̶ | 1̶8̶ | 1̶9̶ | 2̶0̶ |

Soy mayor que 13.
Soy menor que 17.
De los números que quedan:
   No soy el menor.
   No soy el mayor.
¿Cuál número soy? ___15___

14.

10	11	12	13	14	15	16	17	18	19	20

Soy menor que 20.

Soy mayor que 13.

Soy menor que 17.

Soy 4 más que 12.

¿Cuál número soy? _____

15.

10	11	12	13	14	15	16	17	18	19	20

a. Soy mayor que 10.

Soy menor que 20.

Soy mayor que 12.

Soy menor que 15.

De los números que quedan:

Soy el número mayor.

¿Cuál número soy? _____

b. Dibuja el número en la tabla de valor posicional.

Dibuja ▯ para representar las decenas y ☐ para representar las unidades.

Decenas	Unidades

Operaciones de suma y resta hasta 20

Práctica 1   Maneras de sumar

Forma una decena.
Luego, suma.

Ejemplo

8 + 6 = _____10_____ + _____4_____

= _____14_____

1.

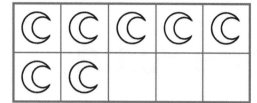

$$7 + 5 = \underline{\hspace{2cm}} + \underline{\hspace{2cm}}$$

$$= \underline{\hspace{2cm}}$$

2.

$$9 + 6 = \underline{\hspace{2cm}} + \underline{\hspace{2cm}}$$

$$= \underline{\hspace{2cm}}$$

Dibuja ⬤ en la 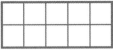 para formar una decena.

Luego, suma.

Ejemplo

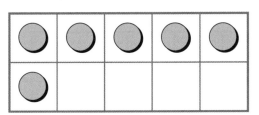   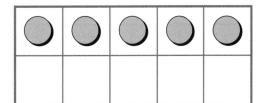

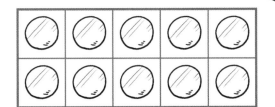   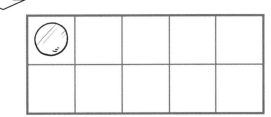

$6 + 5 =$ ___10___ + ___1___

$=$ ___11___

3.

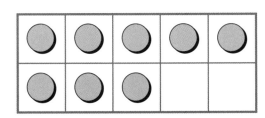   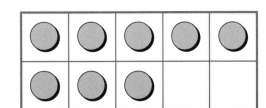

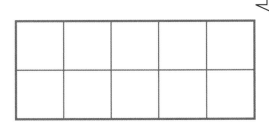   

$8 + 8 =$ _____ + _____

$=$ _____

4.

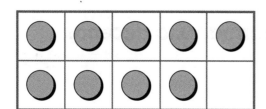 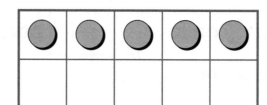

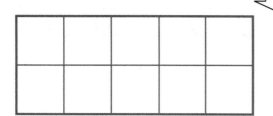

$9 + 5 =$ _____ + _____

$=$ _____

5.

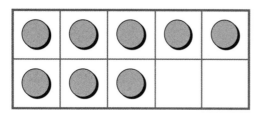

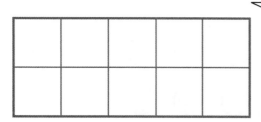

$8 + 7 =$ _____ + _____

$=$ _____

Dibuja 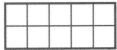 **en la** ⬚ **para mostrar los números.**

Luego, dibuja 🔵 **en la** ⬚ **y suma.**

Ejemplo

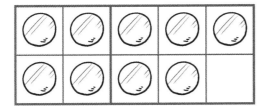 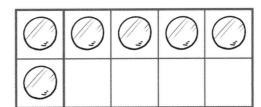

⬇

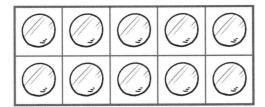 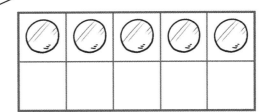

$9 + 6 =$ ___10___ $+$ ___5___

$ =$ ___15___

6.

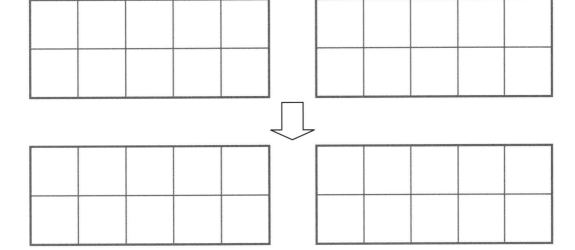

$7 + 6 =$ _____ $+$ _____

$ =$ _____

Forma una decena.
Luego, suma.

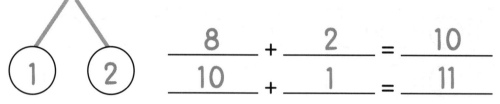

Ejemplo

3 + 8 = _____11_____

(1)   (2)

_____8_____ + _____2_____ = _____10_____

_____10_____ + _____1_____ = _____11_____

7.   5 + 9 = _____

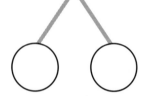

_____ + _____ = _____

_____ + _____ = _____

8.   6 + 6 = _____

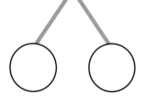

_____ + _____ = _____

_____ + _____ = _____

9.   7 + 8 = _____

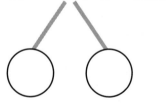

_____ + _____ = _____

_____ + _____ = _____

10.   9 + 9 = _____

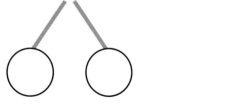

_____ + _____ = _____

_____ + _____ = _____

Práctica 2   Maneras de sumar

Agrupa los números en una decena y unidades.
Luego, suma.

Ejemplo

12 + 5 = ____17____

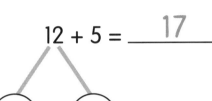

1.

12 + 3 = _____

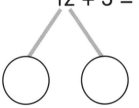

2.

11 + 5 = _____

3.

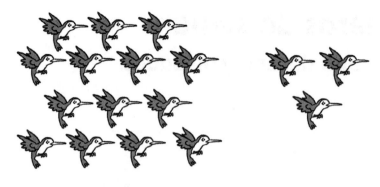

$$14 + 3 = \text{_____}$$

4.

$$8 + 11 = \text{_____}$$

Suma.

5. $15 + 2 = \text{_____}$

6. $12 + 4 = \text{_____}$

7. $13 + 5 = \text{_____}$

8. $6 + 11 = \text{_____}$

9. $7 + 12 = \text{_____}$

10. $7 + 11 = \text{_____}$

Práctica 3   Maneras de sumar

Completa cada enunciado de suma.

Ejemplo

¿Cuánto es duplicar 1?

Duplicar 1 significa sumar _____1_____ y 1.

1 + ___1___ = ___2___

---

1.   ¿Cuánto es duplicar 2?

Duplicar 2 significa sumar _____ y 2.

_____ + _____ = _____

2.   ¿Cuánto es duplicar 3?

Duplicar 3 significa sumar _____ y 3.

_____ + _____ = _____

3. $4 + 4 = $ _____

4. $5 + 5 = $ _____

Completa cada enunciado de suma.

5. **a.** 3 + 3 = _____

3 + 4 = _____

b. 3 + 3 es igual a duplicar _____.

3 + 4 es igual a duplicar _____ más _____.

Completa los números conectados.
Luego, completa los espacios en blanco.

┌─ **Ejemplo** ──────────────────────────────────────┐

6 + 7 = ?

6 + 7 es igual a duplicar 6 más ____1____.

6 + 6 + ____1____

= 12 + ____1____

= 13

└──┘

6. 7 + 8 = ?

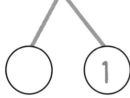

7 + 8 es igual a duplicar _____ más 1.

7 + _____ + 1

= _____ + 1

= 15

7. 5 + 4 = ?

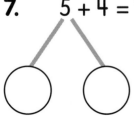

5 + 4 es igual a duplicar _____ más 1.

_____ + _____ + _____

= _____

Usa operaciones de dobles para completar los enunciados de suma.

Ejemplo

$\boxed{2} + \boxed{2} = 4$

8. $\boxed{} + \boxed{} = 0$

9. $\boxed{} + \boxed{} = 12$

10. $\boxed{} + \boxed{} = 10$

11. $\boxed{} + \boxed{} = 16$

12. $\boxed{} + \boxed{} = 18$

13. $\boxed{} + \boxed{} = 20$

Suma los números dobles más uno.

Usa las operaciones de dobles para que te sirvan de ayuda.

Luego, escribe las operaciones de dobles que usaste.

Ejemplo

$5 + 6 = $ _____11_____

Operación de dobles: _____5_____ + _____5_____ = _____10_____

---

14. $7 + 6 = $ _____

Operación de dobles: _____ + _____ = _____

15. $7 + 8 = $ _____

Operación de dobles: _____ + _____ = _____

16. $9 + 10 = $ _____

Operación de dobles: _____ + _____ = _____

17. $8 + 9 = $ _____

Operación de dobles: _____ + _____ = _____

Práctica 4   Maneras de restar

Agrupa los números en una decena y unidades.
Luego, resta.

Ejemplo

$$13 - 2 = \underline{\quad 11 \quad}$$

1.

$$17 - 3 = \underline{\qquad}$$

2.

$$18 - 0 = \underline{\qquad}$$

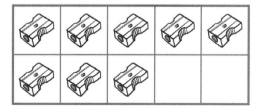

3.

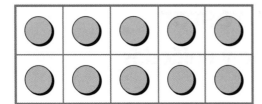

18 – 4 = _____

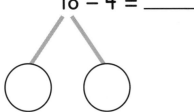

_____ – _____ = _____

_____ + _____ = _____

4.

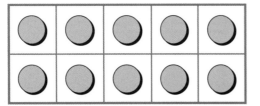

19 – 5 = _____

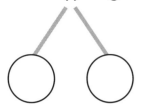

_____ – _____ = _____

_____ + _____ = _____

5.

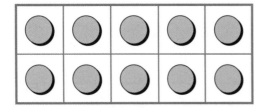

17 – 6 = _____

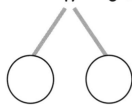

_____ – _____ = _____

_____ + _____ = _____

Nombre: _____ Fecha: _____

Agrupa los números en una decena y unidades.
Luego, resta.

Ejemplo

$13 - 1 =$ ___*12*___

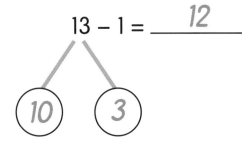

$$\frac{3}{10} - \frac{1}{2} = \frac{2}{12}$$

$$10 + 2 = 12$$

6. $14 - 2 =$ _____

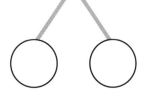

_____ − _____ = _____

_____ + _____ = _____

7. $15 - 3 =$ _____

_____ − _____ = _____

_____ + _____ = _____

8. $16 - 3 =$ _____

_____ − _____ = _____

_____ + _____ = _____

9. $19 - 3 =$ _____

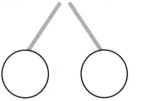

_____ − _____ = _____

_____ + _____ = _____

Agrupa los números en una decena y unidades.
Luego, resta.

Ejemplo

$12 - 7 = \underline{\quad 5 \quad}$

2   10

$$\frac{10}{2} - \frac{7}{3} = \frac{3}{5}$$

$$\underline{2} + \underline{3} = \underline{5}$$

10.

$15 - 6 = \underline{\qquad}$

$$\underline{\qquad} - \underline{\qquad} = \underline{\qquad}$$

$$\underline{\qquad} + \underline{\qquad} = \underline{\qquad}$$

11.

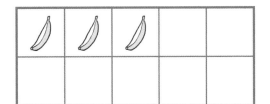

$13 - 8 =$ _____

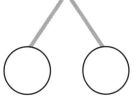

_____ – _____ = _____

_____ + _____ = _____

12.

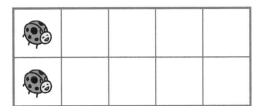

$12 - 6 =$ _____

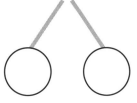

_____ – _____ = _____

_____ + _____ = _____

13.

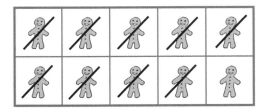

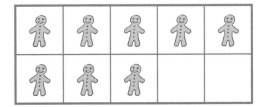

$18 - 9 =$ _____

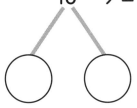

_____ – _____ = _____

_____ + _____ = _____

Completa cada enunciado de resta.

14.

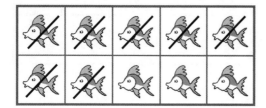

$$16 - 7 = \underline{\hspace{2cm}}$$

(◯   ◯)

15.

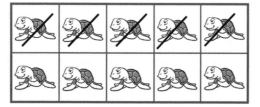

$$14 - \underline{\hspace{2cm}} = \underline{\hspace{2cm}}$$

(◯   ◯)

16.

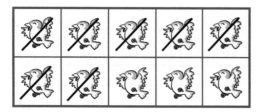 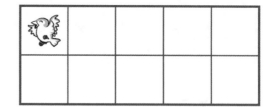

$$\underline{\hspace{2cm}} - 7 = \underline{\hspace{2cm}}$$

(◯   ◯)

Nombre: _____ Fecha: _____

Completa cada enunciado de resta.

17.

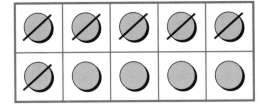

_____ − _____ = _____

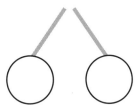

18.

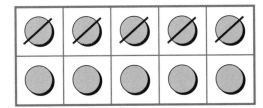 

_____ − _____ = _____

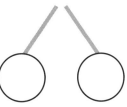

19.

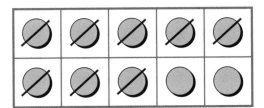 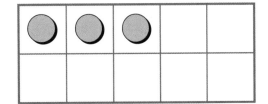

_____ − _____ = _____

Completa los números conectados.
Resta.

20. $16 - 6 = $ _____

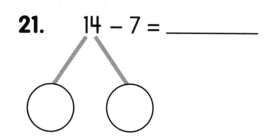

21. $14 - 7 = $ _____

Resuelve.

22. ¿Qué número cayó en la máquina de números?
Escribe el número en el ◯.

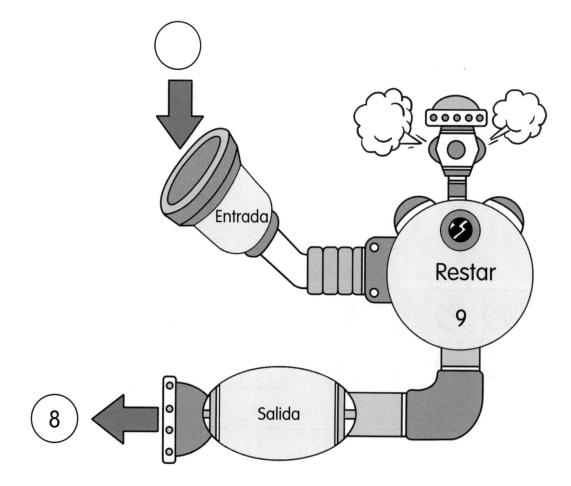

Práctica 5 Problemas cotidianos: Las operaciones de suma y resta

Resuelve.

1. Mandy tiene 5 osos de peluche.
    También tiene 5 perros
    de peluche.
    ¿Cuántos animales de
    peluche tiene en total?

    Mandy tiene _____ animales de peluche en total.

2. Hay 6 niños en el carrusel.
    Suben 6 niños más.
    ¿Cuántos niños hay ahora?

    Ahora, hay _____ niños.

3. Sam tiene 8 canicas.
    Lamont le da 9 canicas.
    ¿Cuántas canicas tiene Sam ahora?

    Ahora, Sam tiene _____ canicas.

4. Sue tiene 13 moños
verdes y rojos.
5 moños son verdes.
¿Cuántos moños
rojos tiene Sue?

Sue tiene _____ moños rojos.

5. Malika hace 12 pulseras.
Vende algunas pulseras.
Le quedan 4 pulseras.
¿Cuántas pulseras
vendió Malika?

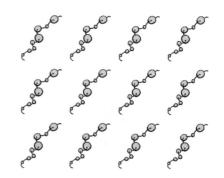

Malika vendió _____ pulseras.

6. Ali hace 16 nudos mariposa.
Les da 9 nudos mariposa
a sus amigos.
¿Cuántos nudos mariposa
le quedaron a Ali?

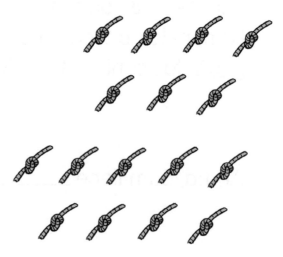

A Ali le quedaron _____ nudos mariposa.

¡Ponte la gorra de pensar!

 Práctica avanzada

Escribe + o − en cada círculo.

1. 10 ◯ 6 = 4

2. 7 ◯ 5 = 12

3. 16 ◯ 9 = 7

4. 9 ◯ 7 = 16

5. 11 ◯ 3 = 14

6. 14 ◯ 6 = 20

7. 17 ◯ 2 = 15

8. 12 ◯ 8 = 20

Completa los espacios en blanco.

9. 18 − _____ = 10

10. _____ − 9 = 11

11. 20 − _____ = 20

12. _____ − 6 = 6

13. _____ + 3 = 12

14. _____ + 5 = 13

Resuelve.

15. Dane encesta 2 canastas en un juego de computadora.
    Suma 16 puntos en total.

    a. Colorea las 2 canastas que encestó.

    b. ¿Cuáles son las 2 canastas que encestó?
        Escribe un enunciado de suma con ellas.

        _____ + _____ = 16

    c. Halla otras respuestas.
        Escríbelas aquí.

        _____ + _____ = 16

        _____ + _____ = 16

¡Ponte la gorra de pensar!

Resolución de problemas

Resuelve.

Ed hizo 6 volteretas más que Lila.
¿Cuántas volteretas hizo cada uno?

Escribe cuatro pares de números posibles.
El número total de volteretas no puede ser más que 20.

1.   Si Lila hizo _____ volteretas, entonces Ed hizo _____
volteretas.

2.   Si Lila hizo _____ volteretas, entonces Ed hizo _____
volteretas.

3.   Si Ed hizo _____ volteretas, entonces Lila hizo _____
volteretas.

4.   Si Ed hizo _____ volteretas, entonces Lila hizo _____
volteretas.

Completa los ◯ con cualquiera de estos números.
Usa cada número solo una vez.

5.

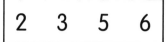

| 2 | 3 | 5 | 6 |

Los números de cada
línea deben sumar
12. Por ejemplo:
1 + 4 + 7 = 12

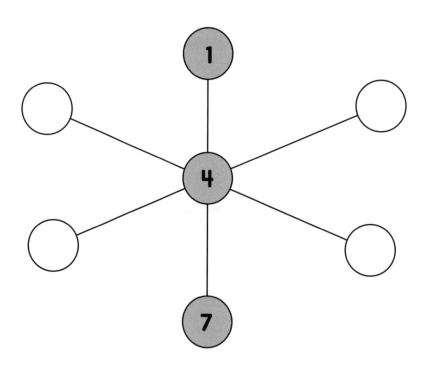

Repaso/Prueba del capítulo

Vocabulario

Encierra en un círculo las respuestas correctas.

1. ¿Cuáles números son <u>iguales</u>?

4   9   6   0   4

2. ¿Cuál de las operaciones es una operación de dobles?

9 + 1 = 10   4 + 8 = 12   9 + 9 = 18

3. ¿Cuál de las operaciones es una operación de dobles más uno?

1 + 2 = 3   3 + 3 = 6   9 + 2 = 11

Conceptos y destrezas

Completa los espacios en blanco.

4.   6 + 5 = _____   **5.**   9 + 6 = _____

Completa los números conectados.
Luego, completa los espacios en blanco.

6.   15 + 4 = _____   **7.**   6 + 14 = _____

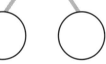

8.   16 – 4 = _____   **9.**   14 – 8 = _____

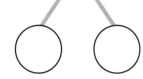

Completa los espacios en blanco.

10. 11 + 9 = _____

11. 12 − 5 = _____

Resolución de problemas

Resuelve.

12. Andy tiene 9 adhesivos.
Su hermana le da 5 adhesivos más.
¿Cuántos adhesivos tiene
Andy en total?

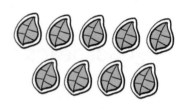

Andy tiene _____ adhesivos en total.

13. Lucía tiene 14 hebillas del cabello.
Le da 7 a su hermana.
¿Cuántas hebillas del cabello le
quedaron a Lucía?

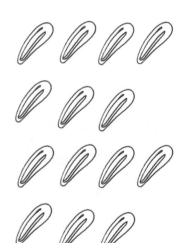

Le quedaron _____ hebillas del
cabello.

14. Soy el doble de 6 más uno.
¿Qué número soy?

Soy el número _____.

CAPÍTULO 9 La longitud

Práctica 1   Comparar dos cosas

Encierra en un círculo la respuesta correcta.

Ejemplo

¿Cuál es más larga?

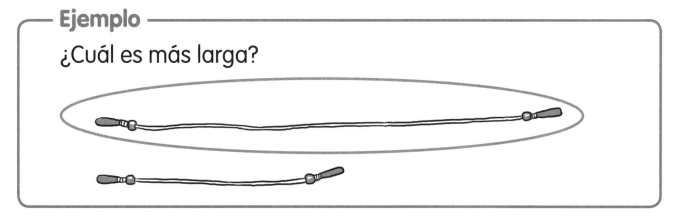

1.   ¿Quién es más alto?

2.   ¿Cuál es más corto?

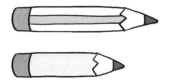

Completa los espacios en blanco.

Ejemplo

¿Cuál es más larga?
¿Cuál es más corta?

oruga   serpiente

La serpiente es <u>más larga</u> que la oruga.

La oruga es <u>más corta</u> que la serpiente.

3.   ¿Cuál es más bajo?
¿Cuál es más alto?

La jirafa es _____ que el árbol.

El árbol es _____ que la jirafa.

4.   ¿Cuál es más largo?
          ¿Cuál es más corto?

El tren es _____ que el camión.

El camión es _____ que el tren.

5.   ¿Cuál es más bajo?
          ¿Cuál es más alto?

cisne   pato

El pato es _____ que el cisne.

El cisne es _____ que el pato.

Dibuja.

6. un árbol más bajo

7. un barco más largo y más alto

Práctica 2   Comparar más de dos cosas

Observa la ilustración.

Completa los espacios en blanco con los nombres correctos.

| Rolo | Lad | Biff |

1. _____ es más alto que Biff.

2. Biff es más alto que _____.

3. Entonces, Lad también es más alto que _____.

Lee.

Luego, dibuja la cola del ratón y la del perro.

4. La cola del ratón es más larga que la cola del gato.

    La cola del gato es más larga que la cola del perro.

    Entonces, la cola del ratón es más larga que la cola del perro.

Colorea.

Ejemplo

la tira de cuentas más larga

5. el vegetal más corto

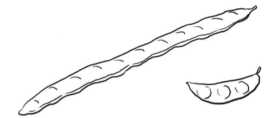 

6. la niña con el cabello más largo

7. el animal más alto

   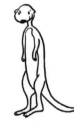

Completa los espacios en blanco con *más alto, el más alto, más bajo* o *el más bajo.*

avestruz   elefante   oso   jirafa

8. La jirafa es _____ de los animales.

9. El avestruz es _____ que el oso.

10. El oso es _____ de los animales.

11. El avestruz es _____ que el elefante.

Observa la ilustración.
Completa los espacios en blanco.

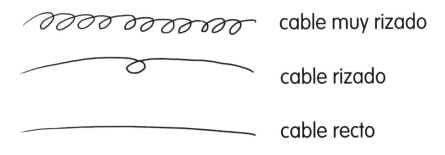

cable muy rizado

cable rizado

cable recto

12. El _____ es más largo que el cable rizado.

13. El cable rizado es más largo que el _____.

14. El _____ es el cable más largo.

Diario de matemáticas

Ayuda a Jaime a ordenar sus juguetes. Lee.
Luego, recorta los juguetes de la página 227 y pégalos en
los estantes.

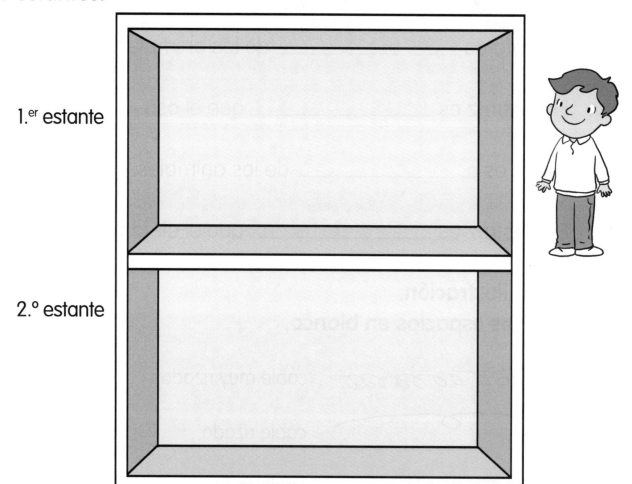

1.er estante

2.° estante

1.er estante	• osito de peluche
	• juguete más alto que el osito de peluche
2.° estante	• juguete más bajo que el osito de peluche
	• el juguete más largo
	• juguete más corto que el tren de juguete

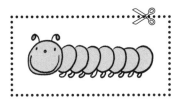

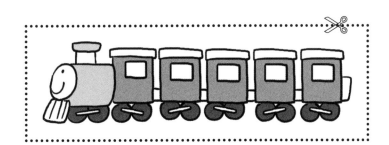

Nombre: _____ Fecha: _____

Práctica 3   Usar una línea de comparación

Recorta las orugas.
Pégalas en el recuadro, en el orden que se muestra.

1.

La más larga

Línea de comparación

La más corta

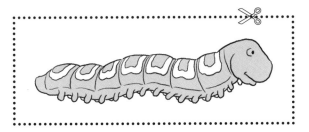

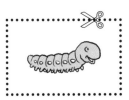

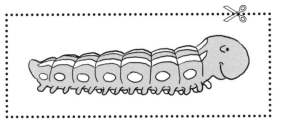

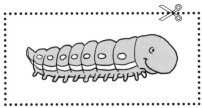

Dibuja 2 lápices más.
Colorea de azul el lápiz más largo.
Colorea de verde el lápiz más corto.

2. Línea de comparación

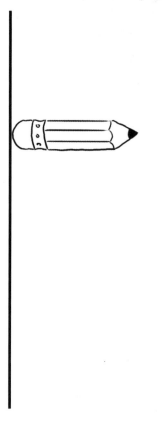

Práctica 4   Medir objetos

Cuenta.
Completa los espacios en blanco.

Ejemplo

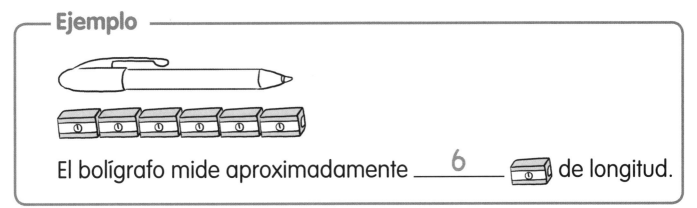

El bolígrafo mide aproximadamente ____6____ 🪨 de longitud.

1.

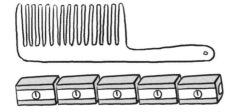

El peine mide aproximadamente _____ 🪨 de longitud.

2.

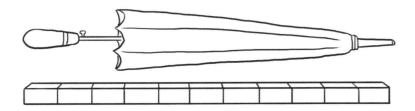

El paraguas mide aproximadamente _____ ▭ de longitud.

3.

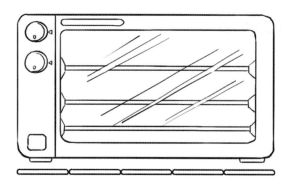

El horno mide aproximadamente _____ ⬭ de longitud.

4.

El portarretrato mide aproximadamente _____ ⬭ de longitud.

5.

El sobre mide aproximadamente _____ ⬭ de longitud.

Completa los espacios en blanco.

¿Qué longitud tiene cada cinta?

Ejemplo

cinta

botones
pinzas

La cinta mide aproximadamente ____8____ botones de longitud.

Mide aproximadamente ____2____ pinzas de longitud.

6.

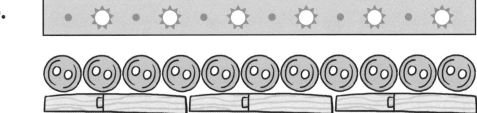

La cinta mide aproximadamente _____ botones de longitud.

Mide aproximadamente _____ pinzas de longitud.

7.

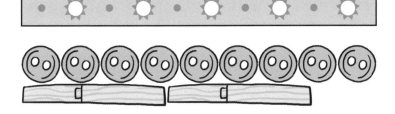

La cinta mide aproximadamente _____ botones de longitud.

Mide aproximadamente _____ pinzas de longitud.

8.

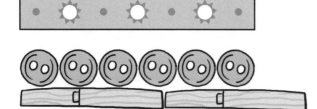

La cinta mide aproximadamente _____ botones de longitud.

Mide aproximadamente _____ pinzas de longitud.

9.

La cinta mide aproximadamente _____ botones de longitud.

Mide aproximadamente _____ pinza de longitud.

Práctica 5   Hallar la longitud en unidades

Cuenta.
Completa los espacios en blanco.

Ejemplo

1 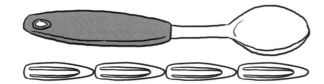 representa 1 unidad.

La cuchara mide aproximadamente ____4____ unidades de longitud.

---

1.   1 ⬜ representa 1 unidad.

El libro mide aproximadamente _____ unidades de longitud.

2.   1 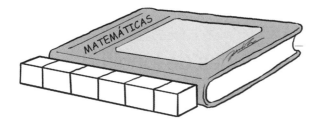 representa 1 unidad.

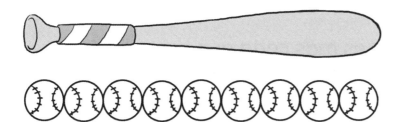

El bate mide aproximadamente _____ unidades de longitud.

Observa la ilustración.
Completa los espacios en blanco.

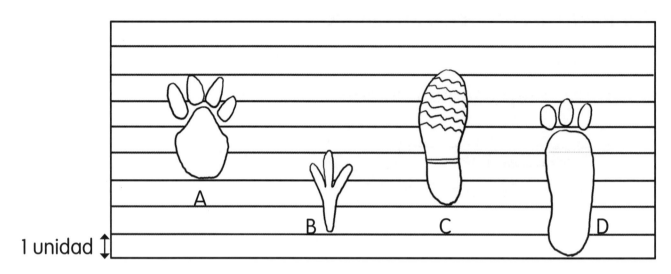

1 unidad ↕

3.   La huella A mide _____4_____ unidades de longitud.

4.   La huella B mide _____ unidades de longitud.

5.   La huella C mide _____ unidades de longitud.

6.   La huella D mide _____ unidades de longitud.

7.   La huella _____ es la más larga.

8.   La huella _____ es más corta que la huella A.

Observa la ilustración.
Completa los espacios en blanco.

1 ☐ representa 1 unidad.

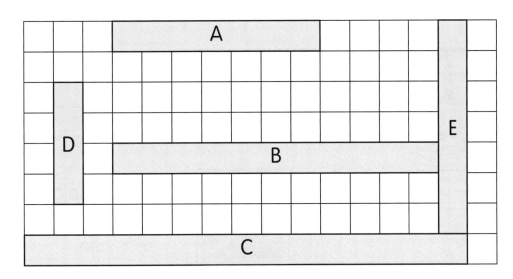

9. La tira _____ es la más larga.

Mide _____ unidades de longitud.

Esto es igual a _____ decena y _____ unidades.

10. La tira _____ es la más corta.

Mide _____ unidades de longitud.

11. La tira _____ es tan larga como la tira _____.

12. La tira _____ es más corta que la tira C, pero más larga que la tira E.

Mide _____ unidades de longitud.

Esto es igual a _____ decena y _____ unidad.

Observa la ilustración.

Completa los espacios en blanco. Usa números o las palabras del recuadro.

1 ☐ representa 1 unidad.

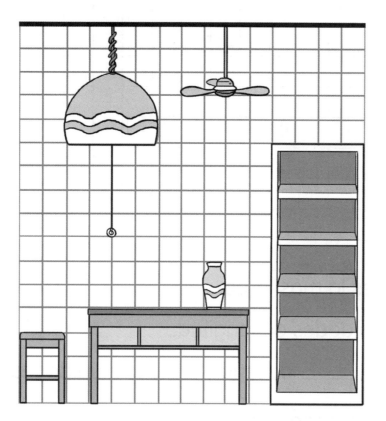

bajo
más bajo
el más bajo
más alto
el más alto
más largo
el más largo

13. La mesa mide _____ unidades de longitud.

14. El librero mide _____ unidades de altura.

15. Observa el banco, la mesa y el librero.

El librero es _____ de todos los objetos.

El banco es _____ que la mesa.

16. El florero es _____ de todos los objetos de la sala.

17. La cuerda de la lámpara es _____ que la barra colgante del ventilador.

¡Ponte la gorra de pensar!

Práctica avanzada

Resuelve.

Mae mueve las fichas en el tablero.
Las flechas muestran los movimientos.

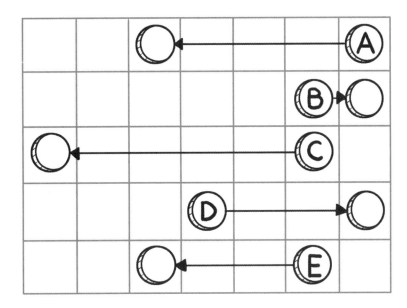

1. ¿Cuál ficha hace el movimiento más largo?

_____

2. ¿Cuál ficha hace el movimiento más corto?

_____

3. ¿Cuál ficha se mueve 5 cuadrados? _____

4. ¿Cuáles fichas se mueven a una distancia de igual longitud?

_____ y _____

Tres niños están recostados sobre un tapete.

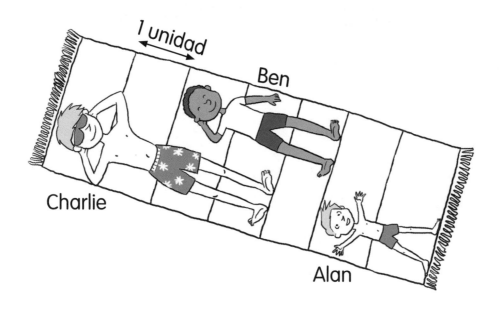

5. ¿Quién es el más alto? _____

6. ¿Quién es el más bajo? _____

Escribe los nombres de las niñas en las casillas.

7. Tina es más alta que Nora.
Sue es la más alta.

Observa la ilustración y lee.
Luego, dibuja.

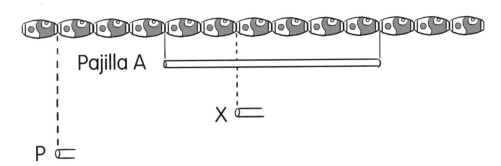 representa 1 unidad.

8. Dibuja una pajilla que sea tan larga como la pajilla A. Comienza en P.

9. Dibuja una pajilla que sea más larga que la pajilla A. Comienza en X.

Ordena a los osos.
Escribe la letra.

10.

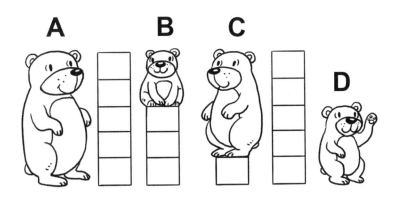

_____   _____   _____   _____

el más alto

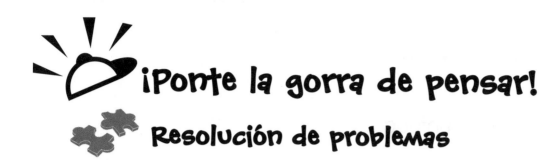

¡Ponte la gorra de pensar!

Resolución de problemas

Completa los espacios en blanco.

1. Tim, Emma, Rosa y Ling tejen algunas bufandas.
   ¿A quién pertenece cada bufanda?

Bufanda A 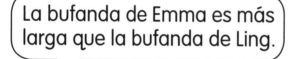 _____

Bufanda B _____

Bufanda C _____

Bufanda D _____

La bufanda de Emma es más larga que la bufanda de Ling.

La bufanda de Ling es más larga que la bufanda de Tim.

La bufanda de Rosa es la más larga.

Repaso/Prueba del capítulo

Vocabulario

Empareja.

1. corto •

    alto •

    bajo •

    largo •

•

•

•

•

Escribe *el más largo* o *el más corto.*

2.  lápiz

     regla

     clip

El clip es _____.

La regla es _____.

Conceptos y destrezas

Traza una línea de comparación.
Lee y colorea.

3.   Colorea de amarillo la cinta más larga.
     Colorea de azul la cinta más corta.

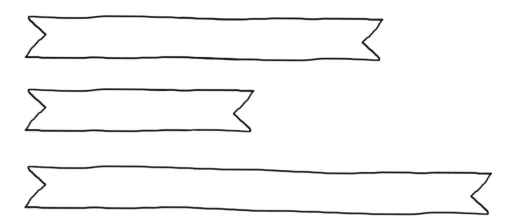

Completa los espacios en blanco.

4.

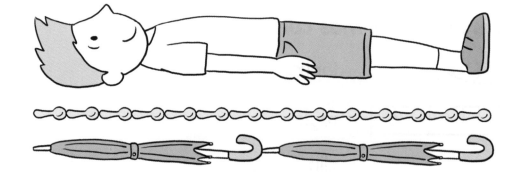

El niño mide aproximadamente _____ ⚬—◯ de longitud.

Esto es igual a _____ decena y _____ unidades.

Mide aproximadamente _____ 🌂 de longitud.

Resolución de problemas

Resuelve.

1 ☐ representa 1 unidad.

Madison   Jimar   Patch

5. Madison mide _____ unidades de estatura.

6. Patch mide _____ unidades de altura y _____ unidades de longitud.

7. El globo más largo mide _____ unidades de longitud.

8. ¿Quién tiene el globo con la cuerda más larga? _____

Resuelve.

9. Tres niños están en un escenario.
Ben es más alto que Dany.
Charlie es más bajo que Ben.
Dany es el más bajo.
¿Quién es el más alto?

Puedes hacer una ilustración para que te sirva de ayuda.

_____ es el más alto.

¿Quién no es ni el más alto ni el más bajo?

_____

Nombre: _____   Fecha: _____

Repaso acumulativo
de los Capítulos 7 a 9

Conceptos y destrezas

Encierra en un círculo la decena.
Luego, completa los espacios en blanco.

1.

Diez y _____ forman _____.

10 + ☐ = ☐

2.

Diez y _____ forman _____.

10 + ☐ = ☐

Representa el número.

Dibuja ▯ **para representar las decenas y** ▢ **para representar las unidades.**

3.

Decenas	Unidades

10

4.

Decenas	Unidades

18

Escribe el número.
Luego, completa los espacios en blanco.

5.

Conjunto A: _____   Conjunto B: _____

El conjunto _____ tiene _____ ositos de peluche más que el

conjunto _____.

Compara.
Completa los espacios en blanco.

6.

_____ es el número menor.

_____ es el número mayor.

Completa los patrones numéricos.

7.   9, 10, _____, 12, 13, _____, 15

8.   20, _____, 18, 17, _____, _____, 14, 13

Ordena los números de menor a mayor.

9.

| 12 | 17 | 16 | 8 | 11 |

_____ _____ _____ _____ _____

Forma una decena.
Luego, suma.

10.   9 + 8 = _____   9 + _____ = 10

10 + _____ = _____

Agrupa en una decena y unidades.
Luego, resuelve.

11.   7 + 13 = _____   **12.**   15 – 8 = _____

Completa.

13.   7 + 7 = _____   **14.**   7 + 8 = _____

15.   16 – 8 = _____   **16.**   12 – _____ = 6

Completa los espacios en blanco.
Usa las palabras del recuadro.

más corto	el más corto	más bajo	el más bajo
más largo	el más largo	más alto	el más alto

17. Rosa es _____ que Lauren.

18. Lauren es _____ que Rosa.

19. Trey es _____ que Rosa y Lauren.

Entonces, Trey es _____.

20. La cola del perro blanco es _____ que la cola del perro con manchas.

21. La cola del perro negro es _____ que la cola del perro blanco.

22. La cola del perro con manchas es _____.

Nombre: _____ **Fecha:** _____

Completa.

23. Traza una línea de comparación.
Luego dibuja una tira que sea más larga que A y más corta que B.

A

B

Completa los espacios en blanco.

24.

El collar del perro mide aproximadamente _____  de longitud.

Mide aproximadamente _____ 🦴 de longitud.

25. 1 🪵 representa 1 unidad.

La correa mide aproximadamente _____ unidades de longitud.

_____ es igual a 10 y _____ unidades.

Resolución de problemas

Resuelve.

26. Abuelita hornea 20 pastelitos.
Le da 8 pastelitos a Emily.
¿Cuántos pastelitos le
quedaron a Abuelita?

A Abuelita le quedaron _____ pastelitos.

27. Hay 17 insectos en el jardín.
9 son abejas.
El resto son mariquitas.
¿Cuántas mariquitas había?

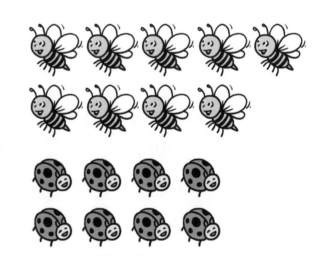

Había _____ mariquitas.

Repaso semestral

Preparación para la prueba

Opción múltiple

Sombrea el círculo que está junto a la respuesta correcta.

1. ¿Cuántas estrellas hay?

Ⓐ 10   Ⓑ 8   Ⓒ 7   Ⓓ 6

2. ¿Cuál número es mayor que 8?

Ⓐ 8   Ⓑ 10   Ⓒ 7   Ⓓ 0

3. ¿Cuál estrella forma 10?

6 + 4   7 + 2   5 + 3   0 + 1

Ⓐ   Ⓑ   Ⓒ   Ⓓ

4. ¿Cuál estrella es igual a 1 menos que 7?

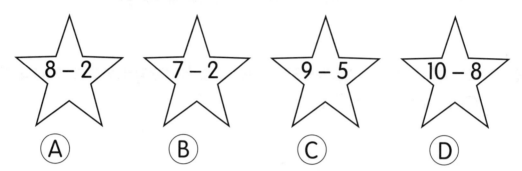

5. Escribe el número que falta.

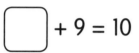 + 9 = 10

Ⓐ 11   Ⓑ 8   Ⓒ 1   Ⓓ 0

6. Escribe el número que falta.

8 − ⬜ = 4

Ⓐ 8   Ⓑ 5   Ⓒ 4   Ⓓ 2

7. ¿Cuántos lados tiene un ◺ ?

Ⓐ 4   Ⓑ 3   Ⓒ 2   Ⓓ 0

8. ¿Cuántas esquinas tiene un ◯ ?

Ⓐ 0   Ⓑ 1   Ⓒ 2   Ⓓ 5

9. ¿Cómo se clasifican estas figuras?

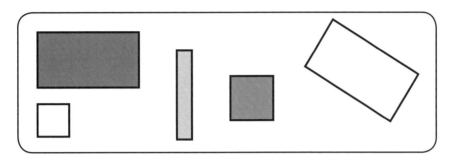

(A) por su forma

(B) por su color

(C) por su tamaño

(D) por el número de lados

10. ¿Cuál cuerpo geométrico puedes hacer rodar y deslizar?

(A) esfera   (B) cono   (C) cubo   (D) pirámide

11. Completa el patrón.

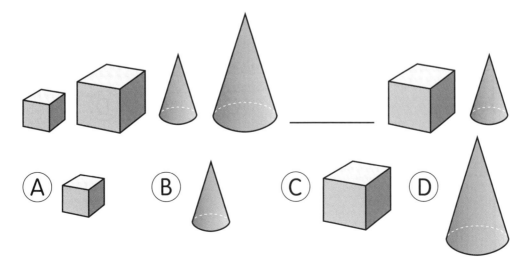

12. ¿En qué posición está el pájaro negro?

(A) 3.º   (B) 5.º   (C) 9.º   (D) 10.º

13. ¿Cuánto forman diez y nueve?

(A) 1   (B) 9   (C) 19   (D) 20

14. $16 - 8 = ?$

(A) 8   (B) 9   (C) 16   (D) 18

15. La raqueta de tenis mide aproximadamente _____ zapatos de longitud.

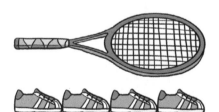

(A) 5   (B) 4   (C) 3   (D) 1

Respuesta corta

Lee el ejercicio con atención.
Escribe tus respuestas en el espacio dado.

Escribe los números en palabras.

16.   8   _____

17.   19   _____

18.   12   _____

Completa los patrones numéricos.

19.   _____, 1, 2, 3, _____, 5

20.   _____, 16, 14, _____, 10, 8, _____

Suma.

21.   7 + 8 = _____   **22.**   20 – 7 = _____

Ordena los números de mayor a menor.

23.

| 19 | 9 | 20 | 10 |

_____ _____ _____ _____

Observa la ilustración.
Encierra en un círculo los nombres de las figuras o cuerpos que ves.

24.

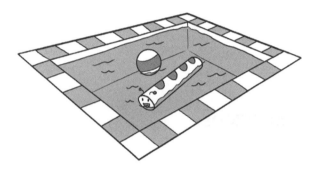

| círculo | rectángulo | cuadrado | triángulo |

| esfera | pirámide | cilindro | cono | cubo |

Observa la ilustración.
Luego, completa los espacios en blanco.
Usa las palabras del recuadro.

María Josh Liping Jamal

izquierda	derecha
entre	encima
debajo	junto a
primero	segundo
tercero	cuarto

25. María es la última desde la _____.

26. Jamal es el _____ de la derecha.

27. Liping está _____ Josh y Jamal.

28. El ratón está _____ de Josh.

Observa la ilustración.
Luego, completa los espacios en blanco.

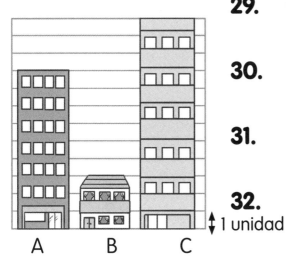

29. El edificio A mide _____ unidades de altura.

30. El edificio B mide _____ unidades de altura.

31. El edificio C mide _____ unidades de altura.

32. El edificio _____ es el más alto.

↕ 1 unidad

A   B   C

Respuesta desarrollada

Resuelve.

33.

Hay _____ mariposas.

Hay _____ arañas.

Hay _____ mariposas y arañas en total.

34.

Hay 8 niñas.

2 niñas tienen cabello rizado.

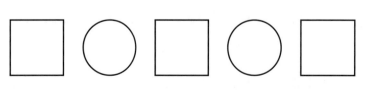

_____ niñas tienen cabello lacio.

Representa el número.

Dibuja ▯ **para representar las decenas y** ☐ **para representar las unidades.**

Luego, completa los espacios en blanco.

35.

11

Decenas	Unidades

17

Decenas	Unidades

_____ es el número mayor.

Es _____ unidades mayor.

Completa los espacios en blanco.

36.   7 + 8 = ?   7 + 8 es doble _____ más _____.

7 + 8 = 7 + _____ más _____

= _____ + 1

= _____

37. Mamá tiene 13 botones.
Usa algunos para coser un vestido.
Quedan 7 botones.
¿Cuántos botones usó mamá?

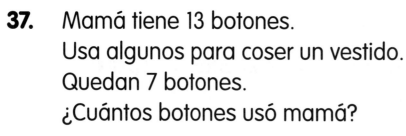

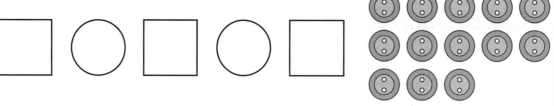

Mamá usó _____ botones.

38. Andrew regala 9 pastelitos.
Le quedan 8 pastelitos.
¿Cuántos pastelitos tenía al
principio?

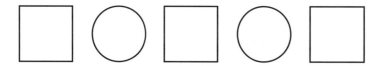

Al principio, Andrew tenía _____ pastelitos.

39. Sigue las instrucciones:

Primero, traza una línea de comparación.

Después, dibuja una flecha más corta.

Luego, dibuja una flecha más larga que las otras flechas.

Por último, encierra en un círculo la flecha más corta.

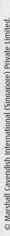

PÁGINA EN BLANCO